历史的天空

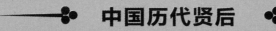

中国历代贤后

历史的天空

中国历代贤后

王 晶 编著

吉林出版集团股份有限公司 | 全国百佳图书出版单位

◆ 前　言 ◆

　　皇后是中国古代妇女中的一批特殊人物,她们既和一般妇女一样,有着共同的遭遇和命运,又和一般妇女有许多不同之处。

　　皇后制度伴随着封建君主专制制度的消亡早已成为历史的陈迹,但历史是一面镜子。她们曾是天下最尊贵的女人。在那个王权决定一切的时代,她们站在皇帝身边,目光慈悲、表情威严、神态高贵地接受着臣民的膜拜。像一个母亲、像一个神话,她们有一个责任,叫"母仪天下"。

　　她们既要为天下之母,恩慈黎民、母仪天下,维护江山、稳定社稷,又要是优秀的妻子、称职的母亲、天下妇女的表率。

　　要做到这些,是何等的艰难啊!皇后,是一国的"母亲"。她要传达一种精神、力量、仪态,她要高贵、大度、善良、坚强。这样才配称为一代贤后。

　　历史,特别是宫廷史,就是帝王和风月组成的万花筒。它比我们的想象更为绚烂、恣意与狂放。正是因为这种爱恨情仇,有着江山做衬景,也便有了更多的曲折、更深的悲剧性。

　　但她们却是看破红尘,不屑后宫中的钩心斗角、群芳争宠的贤后们。她们把毕生的心血与心思用在了怎样辅佐明君,爱戴百姓。把自身的优点和特长都发挥在让国家兴盛,让世间太平。

　　这些流芳百世的贤后,令人爱戴佩服。她们的贤良卓识、才华出众都为奠定和发展江山作出了重大的贡献。她们在幕后默默地奉献心血,造福百姓。

　　本书按照年代排序,介绍了历史上著名的贤后,讲述了她们所付出的一切。她们值得我们敬佩。阅读本书,能让我们对历史上的贤后更加了解,同时可以增长历史知识。

◆ 目 录 ◆

◆ 目 录 ◆

◆ 目 录 ◆

◆ 目 录 ◆

历史的天空

中国历代贤后

历史上的丑女皇后——钟无艳

钟无艳,又名钟离春、钟无盐,是齐宣王之妻,中国古代四大丑女之一,也是一位才女。传为战国时齐国无盐邑之女。貌极丑,40岁还没有出嫁,自请见齐宣王,陈述齐国危难四点,为宣王采纳,立为王后。于是拆渐台、罢女乐、退谄谀、进直言、选兵马、实府库,齐国大安。

"丑胜无盐"

史书记载,钟无艳之所以又叫无盐是因为她是无盐邑(今山东东平)人。她和武则天的母亲一样40岁后才嫁,但不同的是她虽然丑却立志要当皇后。

齐宣王执政初期,日日歌舞、夜夜欢声,后无艳进言宣王,述先人开疆不易,历数宣王之错。宣王悔改,为表其悔改之心,散尽后宫,立无艳为后,彰其不贪美貌,自此勤政改革,齐国成为六国之佼佼者!

钟无艳的故事最早见于西汉刘向的《列女传》中的《辩通传》。她是齐国无盐县人,姓钟,所以又称她为钟无盐,许多古书里不由的说"貌比无盐"，跟"貌如西子"呼应。她丑到何种程度？书载她额头、双眼均下凹显得黯淡发干，上下比例失调，而且骨架很大，非常壮，像男人一样，鼻子朝天，脖子很肥粗，有喉结，额头像臼，就是中间是下陷的，又没有几根头发，皮肤黑得像漆。

要知道古代的后妃那都是"蝤首蛾眉"，甚至像武则天"方额广颐，龙睛凤眼"的。钟无艳长了一副让人吃惊的模样，也不像其他的美女妃子那样能歌善舞，而是一心只问政治。当时执政的齐宣王，政治腐败、国事昏暗，而且性情暴躁，喜欢吹捧，钟无艳冒死自请见齐宣王，陈述齐国危难四点，并指出如再不悬崖勒马，将会城破国亡。

齐宣王大为感动，把钟无艳看成是自己的一面宝镜。其谏议为宣王所采纳，立为王后，从此国大治。而中国也留下两个词"丑胜无盐"和"自荐枕席"。

后世传说

所谓"有事钟无艳，无事夏迎春"，其实历来并没有这个说法。夏迎春是当代人随便虚构戏说的，这个说法也并不流传。相传夏迎春是个美丽的、能歌善舞的妃子，平时只管陪齐宣王唱唱跳跳，不关心政治。而钟无艳却是不管歌舞享乐，特别能吃苦，属于国王乘车她能步行的类型，她一心只问政治。关于历史上的齐宣王究竟是一位怎样的君王，也是有待考证的。

而有关于钟无艳领兵打仗的故事多见于民间传说。到了元朝，中国戏曲大发展。元曲四大家之一的郑光祖写了一出元杂剧叫《丑齐后无盐连环》，也叫《智勇定齐》，说的是齐公子夜梦菽月，上大夫晏婴替他圆梦，认为公子将娶的夫人隐于乡村，时运未通,并建议他出城围猎寻访淑女贤人。齐国无盐邑钟离信的女儿相貌丑陋但文武兼备,很有才能,外出采桑时与追赶白兔的齐公子相遇。晏婴见她出言不俗,便劝齐公子娶她为后。当时秦、燕二国都想制服齐国,故意以难

戏曲中钟无艳造型

题刁难,让齐国派人解开玉连环、弹响蒲弦琴,钟无艳凭智慧解决了这两个难题,并故意羞辱使者,激怒两国发兵。钟无艳又率兵布阵打败了他们,使齐国无忧。

　　而在如今的电影中,描述了这样一个故事:春秋战国时期,一向昏庸好色的齐宣王误闯夜叉山,碰上了美丽的寨主钟无艳,齐宣王决定把钟无艳娶为皇后,可是一直倾心于钟无艳的狐狸精出手阻挠,只要钟无艳爱上其他人,脸上便会无缘无故多出一块难看的红斑。

　　狐狸精后来化身夏迎春勾引齐宣王,齐宣王终日沉醉温柔乡。而钟无艳为了夫君出生入死、南征北战。齐宣王只会有事求助于钟无艳时才好言相向。齐宣王十分好赌,竟然把钟无艳作为筹码输掉了,钟无艳愤怒离开,脸上红斑也自然消失了。

　　夏迎春得逞后也离开了皇宫,齐宣王才发现自己最爱为何人,浪子回头。在受到叛徒攻击时,还是爱着齐宣王的钟无艳,赶到了皇宫,帮忙驱走外敌。

　　可见,钟无艳在民间的传说并未因时间而停止。

贤妻良母型的代表——薄姬

薄姬,汉高祖刘邦的嫔妃,刘邦的第四子刘恒之母。刘恒即皇位后,尊其为太后,即薄太后。薄太后陵在汉文帝霸陵之南,故称"南陵"。据《汉书·外戚传》记载,文帝母薄太后"孝景前二年崩,葬南陵"颜师古注:"以吕后是正嫡,故不得合葬也。"

相传,薄姬是汉文帝刘恒生母,因恶蝗虫之灾,痛国惜民,亲自指挥日夜驱赶蝗虫,后世人为歌颂其德行,于明末立庙。

陕西省礼泉县烽火镇有座塔叫"香积寺塔",当地人称"望母塔"。相传是汉文帝刘恒为纪念他的母亲薄太后而建的。还有薄太后曾经居住过的行宫——红觉院,已于1972年拆毁,被夷为平地。

命运多舛

薄姬是苏州人,她的父亲薄氏在秦朝之时与从前魏国的宗室之女魏媪相好,未婚而生下了她。魏媪拉扯着一双儿女,在乱世之中苦苦求生。在这一片混乱中,从前战国年间的诸侯遗族纷纷割据自立,想要趁此乱局浑水摸鱼,不捞个皇帝做也要恢复旧家邦。魏国宗室魏豹就在此时自立为王。

这时薄姬已经长成亭亭玉立的少女，魏媪心怀故国，见魏豹复称魏国，便将心爱的女儿送进了魏豹的王宫，薄姬便成了魏豹的姬妾。当时有一位很著名的星象家、相士名叫许负，魏媪请她来给女儿薄姬相面，看她能否在魏宫中出人头地。谁知道这许负一见薄姬，顿时大惊失色，道："何止是在小小王宫出人头地那么平常？她日后还要生下天子，成为世间第一贵妇人！"

许负的相术精准如神，是广为世人推崇的。这话一说出来，魏媪简直心花怒放。而魏豹听说薄姬竟然还有这等远大前途，更是喜上眉梢，算盘珠子立时打得飞快：薄姬的儿子要做天子，而她是我魏豹的小妾，她当然只能生出我的儿子来。那么，我的儿子做天子，我岂不是也当有天子之份？或者至少也可以放手一搏，为儿子打下个前程吧？

魏豹说到做到，立即背弃自己和汉王刘邦所定的攻楚盟约，转而在楚汉之间中立起来，隐隐然有坐山观虎斗，想收渔人之利吞并天下的意思。魏豹这个想

薄姬塑像

法好是好,问题是好过了头,压根就没有想到,薄姬虽是"天子之母",自己却没有"天子之父"的位份。

魏豹背约,令刘邦怒火中烧,这一下气得把项羽都先放在一边了,接着就派韩信率兵,誓要先灭了两面三刀的魏豹不可。魏国的实力怎么能是汉军的对手?于是兵败如山倒,汉高祖二年三月,魏豹天子梦未圆,自己辛苦打下的"魏国"倒先成了汉王刘邦的一个郡。魏豹对"相面不准"的许负恨得牙根痒,只得投降。刘邦倒还算客气,封他做御史大夫,并让他守城。可是他的霉运正旺,不久该城被楚军围攻,与魏豹共同守城的周苛、枞公认为,魏豹曾为此地国王,此人是个靠不住的家伙。于是魏豹只能一命归西。

当初魏豹败后,魏宫中的女人们全部被俘。由于是"罪妇",薄姬等人没有资格充当刘邦的姬妾,只能去做宫中役使的婢女,于是她们都被送进了织室。

事情到了这一步,薄姬真是只能自叹命薄。不过,世间总是意外多。魏豹死后,刘邦偶然想到了魏宫的姬妾宫人,于是便到囚禁她们的织室去瞧瞧。这一瞧之下,刘邦顿时心旷神怡,发现魏豹的宫人中,居然不乏美色婵娟。于是他色心大动,便挑选了一批姿色出众的女奴送进自己的后宫中,薄姬就在这批女人之中。

一时间,薄姬以为自己将要时来运转了,不禁又想起了当年许负"生天子"的预言,心中无比雀跃。谁知道,老天爷又再一次把她丢进了深渊。刘邦内有悍妻吕雉,外惑戚夫人,何况薄姬的姿色在魏宫女眷中并不出众,因此刘邦压根就不曾注意过这个小妾。

历史的天空

中国历代贤后

一年多的时间过去了，薄姬连刘邦的面都没能再见到。眼看青春流逝，她只能自叹命苦。就在这个时候，老天再一次眷顾了她。当初在魏宫中，年少的薄姬有两个最要好的女友，一个叫管夫人，一个叫赵子儿。薄姬视二人如同姐妹，知心贴意，还和她们立下了盟誓："假如三人中有谁先得富贵的话，一定不会忘记另两人，要共享富贵和机遇。"想当初薄姬在魏宫中时，可是不折不扣地履行了自己的誓言，然而到了汉宫，管夫人和赵子儿却将薄姬的盟誓当成了一场笑话。也许是她们仍然嫉妒薄姬昔日在魏宫中超过了她们的地位，也许只是根本就没将这位姐妹放在心上。

汉高祖四年，刘邦来到了河南成皋灵台。这时陪伴

刘邦塑像

他的姬妾，正是管夫人和赵子儿。这两个女人一时间十分受宠，得意非凡，闲聊的时候提起了当初和

薄姬墓

薄姬立下的誓言，觉得薄姬十分可笑，于是嬉笑不止。刘邦无意间听到了一点话头，见两人笑得有缘故，便开口询问。管夫人和赵子儿只得一五一十地将底细都说了出来。刘邦对这两个没有良心的女人十分反感，转而心生凄凉之意，对单纯的薄姬同情起来。 因为好友的背叛，薄姬反而得到了刘邦召见的机会，真是不可揣测的命运。

就在头一天晚上，薄姬做了一个怪梦，梦中飞来一条龙，盘踞在她的身上。梦醒后正在诧异之中，却忽然得到了为刘邦侍寝的机会，于是便将这个梦境告诉了刘邦。刘邦一听，十分高兴，认为此事乃是天缘，对薄姬说："这是你将要富贵的征兆。"

但是，刘邦并没有喜欢上薄姬，他当初召她侍寝，几乎等于是在"日行一善"，所以很快也就把她抛到了九霄云外，特别是她怀孕生产之后，更是连面都不见她一次。薄姬虽然为刘邦生下了儿子，却还是长年枯守孤灯，纯粹守活寡。

孤寂的薄姬在长达八年的时间里，默默无闻地僻处掖庭一

角,抚养刘恒。由于极其不受宠爱,偏偏又生了儿子为诸宠姬所妒,薄姬的处境可想而知。渐渐地,她养成了谨小慎微、凡事忍让的性格,就连照制度派来伺候她的宫女,她都不敢得罪。在刘邦的后宫中,薄姬母子几乎成了"好欺负"的代名词。

这样的处境,当然是苦恼的,但是世事就是那么翻云覆雨,难以预料。刘恒八岁这年,也就是汉高祖十二年,就在四月甲辰,他那高高在上、几乎不曾多看他一眼的父亲刘邦去世了。大权独握的太后吕雉虽然对戚姬进行了残忍的报复,对薄姬的态度却非常公正。这是因为薄姬为人小心谨慎,更是因为薄姬和她一样,没有得到丈夫刘邦应该给予的善待,除了人生经历和身份头衔略有差距,在被丈夫冷待这方面,吕雉觉得自己与薄姬多少有点同病相怜。正因如此,薄姬意外地得到了吕雉特别的恩遇:薄姬被吕雉送往儿子刘恒的封地,不但让她母子团圆,更给予她"代王太后"的称号,使她成为大汉王朝仅次于吕雉的贵妇人。随

刘邦故里

刘邦故里

着薄姬一起来到代国的,还有她的弟弟薄昭。

晋阳,是一座风景秀丽、依山傍水的城市,薄姬早已习惯了没有丈夫的日子,如今虽然依旧寡居,但是所有的家人都能够团聚,并且在儿子的封国享受富贵,薄姬已是喜出望外。刘恒年幼,薄姬作为代王太后,每日里只是关照儿子的饮食起居,在王国中游山玩水,舒服至极。

正当薄姬在代国这个世外桃源享受人生的时候,其他的刘氏诸王及其母,却在水深火热中。

由于吕雉不停地进行 "除苗" 工作,此时刘邦的儿子们,只剩了代王刘恒和淮南王刘长了。齐王刘襄一系虽然在铲除吕族方面立下了首功,但是他们毕竟是孙辈,而且他们还有一个凶悍无比的舅父,谁也不想再伺候一个换汤不换药的阴狠外戚家族。刘长母族的亲戚为人也不比刘襄家的好多少,只有代王刘恒之母薄氏家族，一向以克己谨慎闻名于世。一比之下，大臣们立刻拿定了主意。

这样一来，皇帝的龙袍就如同一块大馅饼，向远在晋阳与世无争的代王刘恒头上砸来。公元前180年的闰九月，迎接刘恒进京为帝的使者来到了代国。这时的刘恒，已经做了17年的亲王，时年24岁。他简直不能相信，世上会有这样的好事，他和他的臣属们，除了一个叫宋昌的，都认为这是一个阴谋，万万不能相信。

然而他的母亲薄姬却觉得这是天意。为了稳妥起见，薄姬让刘恒采用自己深信的卜术，以占卜星象决定。占卜的结果是上上大吉。于是，刘恒放了一半心，让舅父薄昭随使者进京，直到得到舅父的肯定答复，他才轻车简从向长安进发。

汉文帝像

这时刘恒的心还没有完全放下，来到长安城外50里处，他再次派人打探消息，确信无疑后，才前往渭桥与迎接的大臣相会。当人群将他前呼后拥送进未央宫后，他成为大汉王朝的第五任皇帝。

薄姬成了皇太后，受到全国上下发自内心的敬重，但是薄姬没有被冲昏头脑，她深知治国不但要用力用言，也要用德用智。尽管她对政治颇有见识，但她知道大臣们不愿意她干预政务，所以她耐心地隐藏在文帝的后面，在文帝遇到挫折的时候，她去安慰文帝，在文帝遇到困难的时候，她去鼓励文帝，当文帝

问她谁可以当皇后的时候，薄太后没有一点犹豫，她说："太子的母亲就是皇后。"就这样，与世无争的窦姬成了皇后，这也从侧面维护了文景之治时期后宫的安宁。薄太后以高贵的气质、高尚的品德、谨慎的态度、宽容的作风，开创了大汉后宫辅君、爱君、不参与政务之先河，成为两汉时期后宫楷模，母仪天下。

幸福母亲

刘恒即位后，封自己的母亲薄姬为皇太后。在婚姻生活上，薄太后一生坎坷，是毫无乐趣可言的。然而她却生了一个世上数一数二的孝顺儿子。在中国历史上影响深远的"二十四孝故事"里，汉文帝刘恒排第二，仅次于舜帝姚重华。

据说，薄姬成为皇太后之后，汉文帝以皇帝之尊，仍然对母亲孝顺如初。薄太后曾经生了一场重病，辗转迁延达三年之久。俗话说，久病床前无孝子。然而刘恒却打破了这句话，

薄太后塔

在三年之中，他每天都要去看望母亲，常常衣不解带、不眠不休地陪伴在旁边，凡是御医送来的汤药，刘恒都要亲口尝过，确认无误之后，才放心给母亲喂下。文帝在位23年，一直都对母亲尽孝。

公元前157年，文帝先于薄太后

薄姬墓

离开人世。临终时，他对于让母亲"白发人送黑发人"的"不孝"深为抱憾，反复嘱咐妻子窦皇后和儿女们一定要对薄太后尽孝。

为了弥补这个缺憾，刘恒要求将自己的陵墓照"顶妻背母"的方式安置方位。两年后，薄太皇太后去世，窦太后谨遵丈夫的心愿，将婆婆落葬在刘恒霸陵的南方，仿佛刘恒背着母亲的样子。

虽然对于大多数人来说，吕雉是一个狠毒的女人，然而对于薄姬来说，吕雉却是她的恩人。因此，能够与刘邦

薄姬墓

合葬的始终都是吕雉，薄姬不但没有在权倾天下之后，将吕雉的棺椁从刘邦陵中迁出，更没有将自己以"文帝生母"的身份挤进刘邦陵。她始终认为，吕雉才是丈夫真正的妻子。

薄姬陵一如薄姬生前的为人，恪守着自己姬妾的身份，守护在儿子刘恒的身边，隔河远望丈夫刘邦和吕雉的合葬陵。

薄太后家里没有什么人，弟弟薄昭是汉文帝的功臣，后来封侯。汉文帝深知他母亲的母亲出身魏氏，提拔重用了很多魏氏的宗族后人，算是对薄太后的安慰，也算是刘氏家族对魏氏家族的补偿。

一守一望间，两千年时光已经流逝。回望薄姬的人生，她似乎完全是为了"生天子"而来到这个人世的，上苍赋予她的人生使命，仅仅是做一个母亲。然而她是世间最幸福的母亲。

中国古代"灰姑娘"——窦漪房

　　窦漪房,清河观津（今河北省衡水市武邑县）人,窦太后是西汉王朝最后一位信仰"黄老思想"的统治者，在她的影响下,西汉政权继续沿袭了刘邦时期定下的"以民生息""无为而治"的精神，把汉王朝推上了强盛的高峰。

悲惨童年

　　在刘邦与项羽争夺天下的乱世,再加上连年的天灾,窦家的生活已经困顿到了极限,一家人常常吃了上顿没下顿,有时候一连两天没有任何东西吃。

　　窦漪房是一个懂事的孩子，当哥哥弟弟哭着闹着说肚子饿的时候,她总是低着头,默默地忍受。父母问她肚子饿不饿，她总说不饿,其实她饿得连说话的力气都没有了，这是一个很有忍耐力的孩子,这种性格与她日后成为皇后有很大关系。

　　庄稼旱死了、飞禽走兽跑完了、野菜挖尽了、野果采光了,不得已,窦漪房的父亲决定去大山深处的一个深渊,那里因为地势险要很少有人敢去。他去那里做什么呢？钓鱼。

可是谁也没有想到,他这一去就再也没有回来。悲剧发生在钓完鱼的返家途中,窦漪房的父亲沿着陡峭的悬崖攀登,抓在手中的一块石头突然滑落,一脚踩空,窦漪房的父亲直直地掉进了万丈深渊,葬身鱼腹。

当窦家得到这个不幸的消息时,全家痛哭,窦漪房父亲的去世对这个破败不堪的家来说无疑是雪上加霜,疾病缠身的母亲支撑了几年,也终于熬不下去了,含恨离世。

为了生活,为了能够让哥哥弟弟吃饱,窦漪房卖身为奴,为一个财主打零工,什么活都得干,一天下来精疲力竭,但当她看到哥哥弟弟吃饭时狼吞虎咽的样子,她所有的疲惫都消失了。

命运就在窦漪房13岁的时候发生了改变。

窦漪房被选入宫。

窦漪房像

母仪天下

窦漪房被选进宫。后来，吕后挑选一些宫女出宫赏赐给诸侯王，每个王五名，窦漪房也在选中之列。窦漪房因家在清河，离赵国近，希望能到赵国去。她请求主持派遣宫女的宦官，一定要把她的名字放到去赵国的花名册里。这个宦官在分派宫女时却把这件事忘了，把她的名字误放到去代国的花名册里。就这样她去了代国。虽然不是她的心愿，但到了代国，代王刘恒非常喜欢她，先与她生了个女儿刘嫖，后又生了两个儿子——刘启和刘武。

代王原来的王后生了四个儿子后不久去世。等到代王成为汉文帝，原王后生的四个儿子也相继病死。这样，文帝即位不久，于公元前180年3月，封窦漪房为皇后、长子刘启为太子，刘嫖封为公主，幼子刘武先封为代王，后封为梁孝王。

窦皇后双亲早亡，葬在观津，薄太后下令追封窦后之父为安成侯，母为安成夫人，并在家乡清河郡安置陵园，其规格及仪式与薄太后父亲的灵文园一样。

窦皇后有两兄弟，兄长窦长君；弟窦广国，字少君。少君四五岁时，因家境贫困，被人掳掠并贩卖到外地，从此音讯全无。随

汉景帝像

后被辗转贩卖给十几户人家，最后落脚到宜阳，在那里替人家进山挖石炭，生活十分艰苦。

在一个黄昏，山崖边一百多人正值酣睡之时，山崖突然崩塌，睡在崖边的人除少君外无一生还。几日后，他跟随主人到了长安，沿途听闻新封皇后姓窦，原籍在观津，虽然窦广国离家时年纪尚幼，却依稀记得自己的籍贯、姓氏及与姐姐一起去采桑叶，从树上摔下的情景。

他把这些事详细地描述下来，托人转交给窦皇后。窦皇后看过信函，把广国召来并详细了解情况，最终确认此人乃其亲弟窦广国。窦皇后与弟弟一起回忆一些过去的情景，少君回忆道：姐姐离开我的时候，我记得在驿站分别时，讨来米汤水给我洗头，临走时又给我吃了饭才走的。

当窦皇后听到此情时，紧握弟弟的手已泣不成声。窦皇后非常赏识其两个兄弟，将他们安置在京师居住。后又为兄弟请德才兼备的长者一同居住，对他们进行教导。皆因如此，窦长君、窦少君后都成为谦让有礼的君子，不因其地位显贵而盛气凌人。

窦皇后生病，双目失明。后来她的儿子即位，封其为太后。窦太后溺爱幼子刘武，赏赐不可胜数，很想让他登上皇位。景帝对这个同胞手足也感情至深，不仅同辇进出，而且想传位于他。

公元前154年，当时还未立太子，在一次家宴上，景帝曾从容地对刘武说："我千秋万岁后，把皇位传给你。"刘武口上辞谢，内心却很欢喜。窦太后听了也极高兴。窦太后又提出想以武为嗣，征求大臣意见。大臣们都反对，刘武继位之事也就作罢。

窦太后信奉黄老之学。景帝和窦姓宗族不得不读《老子》，并推尊其学说，因此她在世时"故诸博士具官待问，未有进者"。景帝时她曾召博士辕固生问他《老子》是怎样的一部书，辕固生不识时务，猝然答道："这不过是部平常人家读的书，没什么道理。"窦太后大怒道："难道一定要司空城旦书吗？"话中讥讽儒教苛刻，比诸司空狱官，城旦刑法。辕固生一听想转身就走，不料被太后喝住，要他到兽圈里去与野猪搏斗。景帝见辕固生为一文弱书生，恐不敌猪，就投进一把匕首，才让辕固生把野猪刺死。

　　因此，景帝在位十六年，始终未用儒生。汉武帝即位后，太皇太后闻他好儒，大为不悦，常出面干预朝政。武帝也不便违忤祖母，所有朝廷政事，都随时向她请示。

　　当时御史大夫赵绾和郎中令王臧，迎鲁耆儒申公来朝，并建议仿古制，设明堂辟雍，改历易服，行巡狩封禅等礼仪，还建议今后政事"可不必事事请命东宫"。太皇太后听罢，怒不可遏，命武帝下令革去赵绾、王臧官职。直至她去世前，武帝不再重用儒生，可见她在政治上的影响。

　　对于窦太后推行道家治国理念的前提，主要是西汉经历过

汉武帝像

白登山之变之后，发现自己现行国力尚未强大到能与当时的北方匈奴政权进行对抗甚至灭掉对方，加上国内刚刚经历过战争，急需恢复国民经济发展生产，因此从曹参起，历经吕后、文、景执政，西汉中央政府普遍在全国推行"黄老治国"的理念，全面实行"轻徭赋、垦荒地"的国家经济基本方针，后虽经过七国叛乱的干扰，但国家总体经济形势已经走上良性发展的轨道。

到了武帝时期，国家经济实力空前强大，已经具备了和北方匈奴政权相抗衡的实力。但是此时，窦太后作出了一个判断：如果此时开战，不但无法取得胜利，反而可能将"文景"以来积累下来的成果毁于一旦。

有大臣不解，窦太后接着进行了分析：国民经济实力尽管大增，但是发展成果根基尚浅，很容易被大规模战争所动摇，而且当时的军队建设由于以发展经济为前提也有所懈怠，军队的训练和将领的选拔有所松弛；况且此时匈奴的实力尚未削弱，其军队战斗力非常强悍，而且如果北击匈奴，没有强大的骑兵部队是无法剿灭的，当下的养马业更是比较松弛，马也比不上匈奴的汗血宝马，耐久力不行，更为重要的是，尚未和西域取得联系，一旦发兵必然是孤军深入，对于匈奴内部的情报掌握也不稳定。综合这些因素，尽管汉朝已经非常强悍，但是仍旧处于无法剿灭匈奴的阶段上。汉武帝几次要求出兵均遭否决的原因也在这里。

公元 135 年，太皇太后窦漪房去世，与汉文帝刘恒合葬于霸陵。

寿命长却不得宠——王政君

　　王政君,汉元帝刘奭皇后,汉成帝刘骜生母。她是中国历史上寿命最长的皇后之一。其身居后位,包含皇后、皇太后、太皇太后的时间长达 61 年,仅次于清朝的孝惠章皇后。

　　王莽篡汉时,王政君曾大怒将玉玺砸在地上,致使传国玉玺还崩碎了一角,不久忧愤而亡,与汉元帝刘奭合葬于渭陵。

　　王政君的家族,源于姚姓,出自古帝王虞舜姚姓之后齐王田和后裔,属于以王侯身份为氏。舜以姚为姓,其后子孙即以父姓为姓。据《通志·氏族略》记载,古帝虞舜之后妫满被周武王封于陈,传至公子完,避难逃到齐国,改姓田,其裔孙田和成为齐国国君,史称"田氏代齐"。齐被灭后,其后人以王族身份

王政君塑像

改"妫"姓为"王"姓,称为王氏。

汉高祖建国,田安被削夺王爵,仍住在齐地,当地人称为"王家"。从此,田安后世子孙便以"王"为姓氏。田安是王政君的五世太祖。

田安的孙子王遂在汉朝文景之际,住在东平陵。后来,王遂生子王贺,王贺又生王禁。王禁就是王政君的生父。王政君的祖父王贺在汉武帝时任绣衣御史,曾到魏郡缉捕地方"群盗",因"宽纵不诛""奉使不称"被免职。

他曾感叹:"我听说给千人留条生路就可以封荫子孙,我让万余人死里逃生,却不知后世能不能受惠?"王贺被免职后,又与同乡里的大户人家终氏结怨。终氏是济南望族,其族中终军18岁即选为博士弟子,武帝时为谒者给事中,后迁谏大夫之职。

王贺不愿忍气吞声,索性退避三舍,举家迁到魏郡元城委粟里,在里中任三老,地方上的人都很尊重他。据县里有位叫建公的老者讲:"当年春秋之世,沙麓暴崩,晋史就曾卜过一卦说:'沙麓之崩,实因阴为阳雄,土火相乘。这预示着六百四十五年后,当有圣女兴世,大概会应验在齐田家!'现在,王家迁来,正居当年沙麓之地,时间也相符,恐怕八十年后,王家真有贵女出世而兴天下了。"

也许是出于巧合,建公的一番神话般的预言后来真的灵验了,并且恰好应验在王政君身上,似乎王政君的一生早已命中注定。就这样,王政君的头上有了"圣女"的光环。

据《汉书》记载,她的母亲李氏夫人怀孕时,就曾"梦月入其怀",汉代大文学家扬雄作悼文时说她乃"太阴之精,沙麓之灵",就是说,人未出世,就已非同寻常了。宣帝本始三年,王政君呱呱落地。此时,她的父亲王禁只担任小小廷尉史一职。王禁胸怀大志又"不修廉隅",偏又喜酒,娶了几房妻妾,生有四女八男:长女君侠,次即王政君,再次君力和君弟;长子王凤以下有王曼、王谭、王崇、王商、王立、王根、王逢时。政君与王凤、王崇同为王禁的正妻李氏所生。李氏因为实在忍受不了丈夫纳娶那么多妾,愤愤不平,离开王家嫁到邻县河内做了苟宾的妻子。

王政君就在这样的家庭环境中长大。年复一年,王政君出落得如花似玉、美艳端庄,且"婉顺得妇人之道",在当地颇有佳名。待字闺中时,父亲将她许配了人家,说来令人难以置信,几次都没等迎娶过门,许嫁的男子就死了。后来东平王聘她为姬,也没有待到洞房花烛,同样一命呜呼。接连发生这样的事,王禁不免暗暗称奇:难道女儿命硬,有克夫之灾?

王政君陵墓

为了弄清究竟,他请了个会相面的相士为王政君算命。相士对王禁说:"令爱吉相,命当大贵,此乃天机,不可泄言。"王禁信以为真,悉心教她读书写字,练习操琴司鼓,指望有一天她能出人头地。

强权皇后

公元前53年,十八岁的王政君应选入宫,一年后,皇太子刘奭的爱妃司马氏死,司马良娣临死前,对皇太子说:"妾本不该死,是那些妃嫔咒的。"司马氏死后,刘奭十分悲伤,他想起司马良娣的话,发誓不再接近嫔妃。

汉宣帝怕皇太子忧伤过度,令王皇后挑选五名宫女,供太子选妃,王政君位列于

王政君塑像

候选人中,她穿着一件绣着红色花边的艳服,刚好坐在最靠近皇太子的位子上,皇太子还陷于思念爱妃司马氏的悲痛之中,无心选妃,皇后在旁边催促,刘奭随便指着靠近自己身边的一位宫女,皇后看王政君长相还算说得过去,更何况皇太子点头,于是就忙命人将王政君送到东宫。这样,王政君成了太子的妃子。

礼毕当日,太子与王政君同会阳台,这在古代称为"御幸"。王政君命该交运,太子妻妾数十人,有的御幸长达七八年,都没有生育,王政君这一次机会便身怀有孕,真算是福星高照。十月

怀胎，一朝分娩。宣帝甘露三年，王政君在甲馆画堂生一男婴。年近中年的宣帝喜得嫡长皇孙，一番苦心终于没有付诸东流，喜悦之情自不必说。宣帝亲自为他取名"骜"。骜者，千里马也，字太孙，常把他带在身边，异常钟爱。

王政君有缘成为皇太子之妃，并生下刘氏嫡长孙，对她今后的命运是至关重要的。

黄龙元年，宣帝崩，太子刘奭即位，这就是汉元帝。年仅3岁的太孙刘骜被立为太子。王政君先由太子之妃升为婕妤，封其父王禁为阳平侯。三天之后，又立为皇后。

王政君的皇后生涯是冷清孤独的。自从她生下刘骜，很少被刘奭召幸。因后宫嫔妃众多，无暇一一临幸，元帝便命令画工画下她们的肖像，根据肖像选定是否召见。

在王政君遭受冷遇的时候，元帝对傅昭仪却是非常宠幸，因此对傅昭仪所生的儿子定陶王刘康十分钟爱，认为他多才多艺，"坐则侧席，行则同辇"，形影不离。渐渐地，对王政君所生的太子刘骜就不那么满意了。尤其是后来太子常饮酒作乐，不务正业，元帝更觉得他无德无能，不堪大任。因而，常常想废掉刘骜，改立刘康为太子。

此时王凤继任王禁侯位已经是阳平侯，另立太子之事使王凤、王政君和太子都忧惧不安，茶饭无味。多亏了元帝的宠臣史丹多方斡旋、鼎力相助，才化险为夷。一次，元帝病重，一人独寝，史丹借在宫中侍候的机会，跪到元帝卧榻之旁，涕泣满面地说："皇太子以嫡长子而立，已十几年了，天下臣民，无不归心。现在外面流言纷纷，传说陛下要改立定陶王，废当今太子，果真如此，公卿定然不会奉诏。臣愿先被赐死。"

元帝见他情切意切，明白废立太子一事阻力很大，喟然长叹："我也是左右为难。太子与定陶王都是朕之爱子，我怎能不替他们考虑？但念皇后为人谨慎、遵法循礼、先帝又喜爱太子，朕岂能有违先帝于地下？你不要再多说了。我的病恐怕难以痊愈，到时候，还望你们好好辅佐太子，别让我失望才好。"就这样，太子刘骜的嗣君身份才没有改变。王政君也渡过险关，依然做她的皇后。

竟宁元年五月，43岁的元帝病死，太子刘骜即位，这就是汉成帝。王政君被尊为皇太后。艰难处境一经改变，王政君再也不必像往日那样小心谨慎了。

哀帝刘欣是当年与成帝刘骜争立太子的定陶恭王刘康之子，也就是当年元帝宫中王政君的情敌傅昭仪的孙子。成帝在世时，定陶恭王刘康来朝，他念先帝的情分，不再计较其争储的过节，对待这位王弟甚是周到仁厚。

成帝曾对定陶恭王说："我没有儿子，人命无常，一旦有什么三长两短，咱们就不能再像今天这样见面了，你还是待在我身边，还可以常常见面。"后因大将军王凤相逼，刘康辞别归国，两人相对而泣，依依诀别。成帝晚年，自知得子无望，不得不与母亲王政君在皇族宗室中寻找合适的人选来承继皇统。当时，最有希望的是成帝的弟弟中山孝王刘兴与侄子定陶王刘欣。

元延四年，中山孝王与定陶王均入朝觐见。定陶王率王国傅、相、中尉三官一道入朝，中山孝王唯独带一位王傅，成帝觉得纳闷，就问其原因。

定陶王答："祖宗有定制，诸侯王入朝面圣，应率封国内二千石官同行。傅、相、中尉，都是封国内二千石，所以都可随从。"成

帝又让他诵《诗经》,定陶王出口成章,且能通解其义,成帝心中甚喜。又一天,他问弟弟中山孝王:"只带封国王傅入朝,是据什么法令呢?"中山孝王瞠目结舌,令其诵《尚书》,又是支支吾吾。后来成帝给诸侯王赐宴,中山孝王最后一个吃饱离席,起来时,袜子上系带又松开。成帝由此觉得中山王不如定陶王贤能,常常向王政君赞誉定陶王的才艺。这对定陶王继大统产生了重要影响。

另外,随同前来的定陶王祖母傅太后也为孙子在宫中辛勤奔走,首先打通了成帝最宠爱的赵飞燕姐妹的关节,送去了很多珍宝与特产,赵氏姐妹也听到过皇上赞扬定陶王,自己更想借机巩固日后在宫中的地位,也就积极地替他争取;同时,傅太

王政君故里

后还买通了喜爱钱财的骠骑将军、曲阳侯王根，通过王根等人讨好王政君。

多管齐下，定陶王刘欣终于如愿以偿，于绥和元年二月被立为皇太子。一年后，成帝崩，刘欣即位。为了斩断哀帝与已来长安的傅太后及生母丁姬的亲密关系，王政君只准许她们每十天与皇帝见一次面。

不久，哀帝请求王政君准许追尊生父定陶恭王为恭皇，并加封祖母傅氏和生母丁氏为皇后。后来，他借口"汉家之制，推亲以显尊"，把傅氏由帝太后改封为皇太后，称永信宫，丁氏为帝太后，称中安宫，与太皇太后王政君称长信宫，后居长乐宫并驾齐驱。这样，加上当时的中宫皇太后赵飞燕，哀帝时后宫共有四位皇太后。

傅、丁开始得势后，王政君为了避免与其发生冲突，曾诏令以大司马辅政的侄子王莽辞职。哀帝担心刚刚即位，就失爱于王政君，未敢造次，对王莽表示挽留，并派人向王政君说："皇上听说太皇太后下诏，很是悲伤。皇上表示，您若不让大司马辅政，他就不敢听政。"

于是，王政君再一次下诏让王莽辅政。但王氏外戚与傅、丁两家显然难免发生冲突。一些大臣出于各自的考虑，也纷纷就朝廷人事发表意见。

不久，司隶校尉解光弹劾曲阳侯王根及其侄子成都侯王况，内怀奸邪、蔽上壅下、内塞王路、外交藩臣、骄奢僭上、坏乱制度、无人臣之礼。哀帝就借机削去王况的封爵，贬为庶人；把王根撤职，逼令归国。随着傅、丁两家的得势，她们也日益骄倨。傅太后与王政君谈话时，常常不礼貌地直接称她"妪"，即老太婆，王政

汉服

君也不便当面发作。看来,作为实际掌权者的王政君因傅氏得势也经历了一段不甚惬意的生活。

傅、王两家的明争暗斗,使西汉中枢政治更加腐败黑暗。为了确保王政君绝对的国母地位,辅政的大司马王莽等人对傅、丁的势力设法加以限制,这种限制又导致双方冲突的进一步升级。

有一次,未央宫内大宴,有人给傅太后设帷座,与首座的王政君并列。王莽看到后,立即板起面孔说:"傅太后只是藩国的太后,怎可与至尊的太皇太后平起平坐?"言罢,令人立即撤掉了座位。王莽因此得罪了傅氏。事后,王莽不得不避其锋芒,在王政君的授意下提出辞职。这一次，哀帝没有挽留。王莽回到了自己的封国南阳后，杜门谢客，静观时变。

此时，西汉政治危机日益加剧，土地兼并、人口流亡更为严重。哀帝本人，生活更加荒淫无度，他不仅广选美女，充斥后宫，而且宠幸男色，与美男子董贤出则同车，入则同卧，赏赐无度，宠爱无比。一天，他与董贤同卧，想要起床时，董贤正压着他的衣袖，为了不惊动睡梦中的董贤，就用剑斩断衣袖而起。

从此，后世便留下了"断袖"的典故。

有一次宫中宴会，哀帝当着群臣之面说，要效法尧舜，将皇位禅让给董贤。当时人称天下百姓有七亡而无一得，有七死而无一生，农民起义不断爆发。昏庸的哀帝为了扭转汉历中衰的局面，竟荒唐地用改易年号等办法来自欺欺人。建平四年春，天下大旱，饥民纷纷拥向关中就食，"或夜持火上屋，击鼓号呼相惊恐"，西汉王朝已是江河日下。

为了缓和社会矛盾，王政君建议哀帝颁布法令，限制占田与广蓄奴婢。但哀帝自己带头破坏规定，一次就赐给董贤良田二千顷，法令实际上是一纸空文。王政君诏令王氏娘家人：家中田地，除了祖上坟茔地外，其余都要分给贫民。虽然这只是一种姿态，却使王政君获得了慈善国母的美誉。不久，哀帝迫于朝野上下的压力，以奉侍王政君为名，将王莽重新召回。

元寿二年，哀帝死于未央宫。哀帝没有儿子承继国统，王政君立即入宫，掌握了象征最高权力的传国玉玺。她启用王莽，委以军政大权，逼死董贤，立中山孝王的儿子刘衎即位，是为汉平帝。

平帝年仅9岁，体弱多病，王政君虽然高高在上，东山再起

的王莽却逐渐将她架空，掌握了实际权力。王莽的发迹，恰是王政君裙带政治的结果。

王莽，是王政君之弟王曼的儿子。王曼死后，王莽家境孤寒，但对几位叔伯"曲有礼意"，恭敬备至。当年王凤生病，他侍疾左右，亲尝汤药，忙里忙外，一连个把月都没舒舒服服地睡个囫囵觉，有时脸都顾不上洗，以至于"乱首垢面"。后来，在众人推举之下，王政君给他封官加爵，但他"节操愈谦""折节力行"。成帝绥和元年时，王政君让他做大司马，掌握军政大权。

这一时期的王莽表现得谦恭礼让，朝野上下一片颂扬之声，"宗族称孝，师友归仁"。王政君也对他十分信任，认为他德才兼备。

王莽先让群臣请求王政君，以辅政幼主有功，封他为安汉公，不久，又设计说服王政君让他的女儿王嬿成为平帝的皇后，即孝平皇后，后来改封为黄皇室主，后又胁迫王政君尊自己为"宰衡"。

王政君又下诏：皇帝年幼，我统策国政，已年迈体弱，精力不支，若事必躬亲，不利于育养

汉哀帝

皇帝，今后除封爵奏闻外，其他政事皆听由安汉公与辅政大臣处理。州牧、二千石官及茂材吏初除奏事者，则听凭安汉公决断。这样，王莽借机培植亲信，清除异己，权力急剧膨胀。

为了更牢固地掌握手中的权力，王莽很注意在王政君眼中树立自己的美好形象。为此，他依旧谦恭处事，以使朝廷官员颂扬他的功德。对王政君身边的宫人，无论地位高低，均大加贿赂，媚事拉拢，有时连王政君的婢侍生病，他也亲往探视。

王政君的姐姐和两个妹妹都因王莽提议成了封君：姐姐王君侠，封广恩君，是汉朝定陵侯淳于长的生母；妹妹王君力，封广惠君；妹妹王君弟，封广施君，食汤沐邑，她们自然也天天在王政君身边吹嘘王莽的慈善德行。

王莽见年逾古稀的王政君不满足于长年居于深宫之中，便极为周到地安排她"四时车驾巡狩四郊，存见孤寡贞妇"，并煞费苦心地筹划她四季游玩的地点。从此，王政君春夏秋冬常在外游幸。在王莽的鼓动下，她还曾如愿回到多年前与元帝欢会的太子旧宫中缅怀旧情。

另外，王莽还特别注意用一些虚名来取悦王政君。如奉劝她不要总穿粗布衣服，更不要常减御膳，为了宗庙社稷，应"遵帝王之常服，复太官之法膳"等，显得特别关心她的饮食起居。正是通过对王政君的蒙蔽与奉承，王莽攫取了越来越大的权力。他自称"爵为新都侯，号为安汉公，官为宰衡、太傅、大司马，爵贵、号尊、官重，一身蒙大宠者五"。平帝元始五年王政君赐王莽九锡，这是给予诸侯大臣无比荣宠的赏赐。这时，王莽已位极人臣。

元始五年十二月，年幼的平帝病死。皇室成员中元帝一宗已经绝嗣，宣帝曾孙辈中为侯王者数十人，但均已年长，王莽为了

控制新君，遂从宣帝玄孙辈中选了年龄最小、年仅两岁的广戚侯子刘婴。他欺骗王政君说，经过占卜，立婴最吉，王政君当然同意。王莽立孺子婴为君。

几乎同时，王政君收到一份奏章，说在武功县境内发现一块异石，上有丹书"告安汉公莽为皇帝"。接着，又有人奏请王政君立婴为孺子，令王莽仿当年周公辅成王的先例"践祚居摄"。看到奏章，王政君猛然间若有所悟，素来谦恭的王莽，难道有代汉之心？年前他拒而不受在新野增加的封邑，难道是想富有四海，拥有天下？想到此，王政君不由一惊。

她对人说："丹书符命，实诬罔天下，不可相信。"王莽的党羽、太保王舜对她解释道："事已至此，也没法阻止了。再说王莽并不敢有非分之想，只想通过摄政提高他的身份以威服天下罢了！"王政君无可奈何，勉强下诏答应王莽称摄皇帝，南面朝群臣，听政事，冕服礼仪"皆如天子之制"，并改元称"居摄元年"。王政君闻讯，曾说："到底还是人心不相远。我虽是个妇道人家，也知道王莽一定会因此日子不好过。"然而，王莽仍借她的名义堂而皇之地镇压了反对派。

成、哀、平三朝，皆绝国统，帝位虚悬。皇位继承，听由王氏。

群美斗法

早在许皇后被废之前，成帝还曾纳赵飞燕入宫。围绕着

王莽像

41

赵飞燕在后宫的地位，王政君对成帝百般刁难，使他无法随心所欲，引出了后宫一系列的波澜。

赵飞燕是历史上有名的美女，她体态轻盈，婀娜多姿，"环肥燕瘦"的"燕"就是指她。赵飞燕小时长得很弱小，长大后，到阳阿公主家为婢，学习歌舞，因身轻如燕，故号"飞燕"。一天，成帝微服出行，到了阳阿公主家，宴会之上见到舞姿优美、光彩照人的赵飞燕，立刻被她迷住，遂召纳入宫，极加宠幸。据托名汉代人伶玄所撰《飞燕外传》记载，成帝听说她尚有一位同样美丽绝伦的妹妹，也把她召入宫中侍寝伴驾，这就是被唾为"祸水"的赵合德——女人为祸水之说，由此不胫而走。

赵氏姐妹二人都被封为婕妤，很受宠幸，贵倾后宫。许皇后的姐姐许谒以行左道被处死，就是赵飞燕向王政君告的密。

许皇后被废后，成帝想立赵飞燕为皇后，王政君嫌弃她出身微贱，有碍皇室体面，出面阻止，令成帝十分难堪。谏大夫刘辅也跟着凑热闹，上疏说："皇上要承宗庙、顺神灵，就应妙选窈窕淑女。如今陛下触情纵欲，倾心于一个卑贱女子，还想立为皇后母仪天下，真令人疑惑。俗话说：腐木不可以为柱，人婢不可以为主。若陛下仍不改弦易辙，必有祸而无福。臣冒死上谏，请陛下三思。"成帝正在气头上，见到奏章，不由分说就把刘辅打入大牢。因为王政君也不同意立赵飞燕，刘辅才算捡了一条老命。

后来，成帝托淳于长多次向皇太后说情，王政君才勉强同意，并暗示先封赵飞燕的父亲为成阳侯，改变赵飞燕的贫贱出身，瞒天过海。成帝一直折腾了个把月，方才如愿以偿。

不久，成帝又把赵合德册立为昭仪。赵飞燕姐妹恃宠骄横，不知收敛，宫中为之侧目。成帝即位之初选入后宫的班婕妤，见

赵氏姐妹骄妒,恐引火烧身,就主动提出到王政君的宫中供养太后,得到成帝允许后,就离开了充满倾轧与血腥气的成帝后宫,从而得以善终。

成帝坐拥美姬,享尽风流,谁知好景不长,绥和二年三月,46岁的成帝暴死于未央宫。据说,成帝身体一直很好,从无疾病。死前一天,因楚思王

汉成帝延陵

衍和梁王立来朝,要于次日辞别,成帝在未央宫白虎殿设宴饯行,并且他还打算拜左将军孔光为丞相。夜里还一切平安,到清晨起床,他拿裤子、袜子时竟失手落地,随即四肢痉挛,口不能言,不消几个时辰,竟一命呜呼。消息传出,朝野大为震惊,议论纷纷。

民间传言,说成帝夜宿赵昭仪的昭阳舍,因酒后引起虚脱,中风而死,故归罪于赵昭仪。王政君对赵氏姐妹在宫中的骄横早就看不顺眼,在这个关头,对儿子的死岂能袖手旁观!

于是,她立即下诏给大司马王莽并丞相、大司空等人:"皇帝暴崩,众议哗然,传言甚多,掖庭令等人供职后宫,燕寝都由他们侍候,可着令与御史、丞相、廷尉合议,推问皇帝起居发病的详情,以正视听。"王政君诏书一下,赵昭仪自知罪孽深重,畏罪自杀。

汉成帝陵墓

　　成帝死后不久，司隶校尉解光上奏王政君，称成帝与许美人、中宫史曹宫曾育有子嗣，但均因赵氏撒野使泼而死于非命，且证据确凿，事实清楚。这份上奏一公开，立即在朝廷引起轩然大波。王政君既哀痛皇孙之死，使国统绝嗣，又恨赵氏姐妹施媚固宠，害死了儿子，有意依法严办，但她也有后顾之忧，担心深究会使成帝的私生活暴露于天下，有碍其形象。

　　郎官耿育的上疏也表达了这一观点："复校省内，暴露私燕，诬污先帝倾惑之过，成结宠姜妒媚之诛，甚失贤圣明见之明，逆负先帝忧国之意。不然，空使谤议上及山陵，下流后世，远闻百蛮，近布海内，甚非先帝托后之意也。"这一番话，使王政君的内心充满了矛盾。正是在这样的背景下，继位的汉哀帝只把赵飞燕的弟弟新成侯、侄子成阳侯废为庶人，将其家人贬往辽西郡，而没有再追究赵飞燕的责任。

　　哀帝本人也因赵飞燕有助其继位之德，不想再予深究，遂不了了之。不过，事情远没有完结。哀帝死后，王莽又通过王政君，旧话重提，诏示有关部门："前皇太后赵飞燕与昭仪俱侍帷幄，姊弟专宠锢寝，执贼乱之谋，残灭继嗣以危宗庙，悖天犯祖，无为天下母之义，贬皇太后为孝成皇后，徙居北宫。"

数十日之后，又以她有失妇道、无共养之礼而怀狼虎之毒等名义，废为庶人，逼令自杀。迁延数年的成帝后宫一案才算告一段落。据说，当时民间有童谣传唱："燕燕，尾涎涎，张公子，时相见。木门仓琅根，燕飞来，啄皇孙。皇孙死，燕啄矢。"正是对此事的演绎。

王政君生于汉宣帝时，一生经历七朝，历尽沧桑。公元13年2月，王政君忧愤而死。享年84岁，她是中国历史上最长寿的皇后之一，死后其遗体被运往渭陵，与元帝合葬。

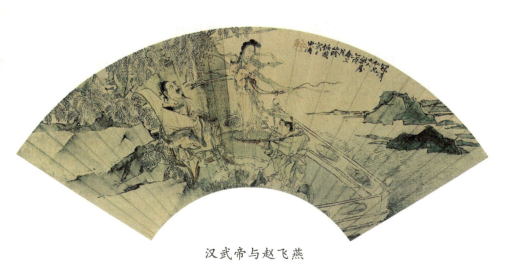

汉武帝与赵飞燕

拥有幸福婚姻的皇后——阴丽华

　　阴丽华,南阳郡新野人,东汉开国皇帝刘秀的第二任皇后,春秋时期一代名相管仲的后裔。阴丽华在历史上以美貌著称。史载,刘秀是个平民的时候,就十分仰慕阴丽华的美貌,不禁叹曰:"娶妻当得阴丽华。"

　　昆阳之战后,刘秀于宛城迎娶阴氏为妻。一年后,刘秀又在河北迎娶了出身于西汉王室的郭圣通。东汉王朝建立,郭氏成为皇后,阴丽华则为贵人。建武十七年,皇后郭氏被废,贵人阴丽华受封为皇后。阴丽华居后位二十四年,死后与刘秀合葬于原陵,谥号"光烈"。《后汉书·皇后纪》记载阴丽华的性格:恭谨俭约,很少嗜好赏玩珍品,不喜欢嬉笑戏谑,生性仁爱孝顺,怜悯慈爱。

　　阴丽华出生在一个显赫的家族。据《后汉书·阴识传》载:"其先出自管仲,管仲七世孙修,自齐适楚,为阴大夫,因而氏焉。秦、汉之际,始家新野"。就是说,阴氏家族是名震古今的春秋名相管仲之后。到了第七代子孙管修的时候,从齐国迁居楚国,被封为阴大夫,以后便以"阴"氏为姓。秦末汉初,阴家举族迁到了新野。

不但出身显赫，阴氏家族还是当时富甲一方的豪门大户，阴家有大量的土地，车马和奴仆可以同分封的诸侯王相比。

虽然有着显赫的出身，但是阴丽华却并未像其祖先那样能够安享太平盛世，这位阴家大小姐所生长的时代，是一个被班固称为"天地革命"的大变革、大动荡时代。

出嫁英主

新莽末年，枯旱连年、蝗虫蔽天、兵戈四起。绿林军起荆州、赤眉军起青、徐，铜马军则活跃于黄河以北。秦末农民大起义和楚汉战争所造成的灾难，不及新末大乱时的一半。

更始元年六月，阴丽华与刘秀结为夫妻，时年十九。刘秀，荆州南阳郡白水乡人，一介布衣，以在家乡种田、贩粮为生。但刘秀这个布衣和其他人又略有不同，刘秀的身上有西汉刘氏宗族的血统，刘秀这一支族人的远祖就是西汉的景帝与卑贱的宫女唐儿所生的长沙定王刘发。

《汉书·平帝纪》载：宗室子，汉元至今，十有余万人。到了

西汉末年，有刘氏宗室血统的后裔已经遍布天下，有十多万人。刘秀的这一支族人生活在南阳，更是和皇室毫无关联的布衣平民。其兄长刘演，不事生产，专门聚集亡命之徒，俨然是当地的一霸。而刘秀本人

阴丽华像

也在南阳郡坐过牢。但相比其兄长，刘秀更加务实，他不但喜好耕田、卖粮换取钱物，而且还极爱读书，并且对政治极为敏感。刘秀在长安求学时，很关心政治，每次朝政有什么变动，总是为同舍的同学解说。

刘秀有一姐夫名叫邓晨，家住南阳新野，而邓晨与新野的名门望族阴氏有亲缘关系。借助于这层机缘，刘秀有机会接触到了这个名门望族家的小姐阴丽华。作为官方正史的《东观汉记》等史书，不可能详细记载刘秀和阴丽华到底有多深的接触和情缘，但是有一个事情却交代的颇为清楚：那就是阴家小姐的美貌给了刘秀极为深刻的印象，以至于后来在长安求学的刘秀，有一次看到了执金吾率军出行，盛大的场面深深地震撼了刘秀，身为太学生的刘秀不禁感叹道："做官就要做执金吾这样大的排场的官，娶妻子就要娶阴丽华那样美貌的妻子。"

刘秀性格比较内敛，史书记载：刘秀为人，"谨厚"和"多权略"。刘秀如此恭顺，反让更始帝刘玄颇感惭愧，毕竟刘秀兄弟二人对更始政权来说都是大功臣。刘玄未因刘演之事而降罪于刘秀，但解除了刘秀的一切兵权，同时封了一个武信侯的空头衔。

更始元年六月，在刘演被杀之后不久，刘秀怀着复杂的心情在宛城迎娶了他多年来仰慕的佳人阴丽华为妻。

更始元年九月，刘秀在与爱妻阴丽华仅仅相处了三个月之

阴丽华像

后，即受更始帝派遣西去洛阳。刘秀只得将阴丽华送回新野娘家。不久，更始帝刘玄遣刘秀行大司马事，北渡黄河，去镇慰河北州郡。

刘秀没有兵马，只带着一根代表更始政权的节杖，开始在河北各地镇慰。不久，一个叫王郎的人，冒称汉成帝之子，在赵缪王子刘林和一些赵地豪强的支持下于邯郸被拥立为天子，并四处悬赏通缉刘秀，刘秀一度狼狈逃窜。终于得以在信都立足，以出色的个人能力迅速拿下河北数县。并且占据了原真定国的肥累县和藁县。而此时他所亟待解决的问题就是占据真定县、拥有十余万军队、依附于王郎政权的前真定王刘扬。

由于真定县重要的地理位置和真定王室百年积累的实力，刘秀为避免邯郸与真定的前后夹击，遂派部下刘植去刘杨处游说，而刘扬在王朗政权中没有占据高位，并不愿意把自己的家底拿出来跟刘秀血拼，最终决定归附更始政权。虽然刘扬归降，但当时河北诸县经常摇摆不定，比如最初接受刘秀的信都随后就投了王郎，因此刘秀与大敌王郎决战时，决不能让自己的背后存在实力如此强悍的隐患。

为了促成双方合作，共同征讨王郎，刘秀亲自来到真定，而刘扬也需要一个人在更始政权中替自己表功，最终刘秀同意迎娶刘扬的外甥女郭圣通以加强双方的互信。政治联姻本来就是利益需要，也只是刘秀扩大实力必行的一个手段，但这件事却改变了原配阴丽华的一生。

与真定的这场联姻确实给刘秀带来了不小的收益，虽然真定军的加入并没有大幅提高刘秀军队的战斗力，但刘秀和王郎的力量对比发生了微妙的变化，不少城池也受到刘扬归附刘秀

及刘秀与真定联姻的影响而改变了原先的立场，使得刘秀得以顺利拿下这些地方，战场形势继续朝着有利于刘秀的方面转化。其后，上谷、渔阳两郡突骑投刘秀，给予了刘秀对抗王郎的决定性力量，加之更始帝尚书令谢躬的军队配合，经过连场激战终于攻克邯郸，消灭了王郎政权。

之后，刘秀继续平定河北的征程，发幽州兵，成功击败并收编了以铜马军为主的大量河北农民军部队，使军力增至数十万。

刘秀塑像

这些被收编的农民军部队成为了刘秀军队的主要组成部分,刘秀本人也因此得到了"铜马帝"的称号。

在与各部农民军作战的同时,刘秀也将谢躬等更始帝在河北的势力顺利剪除。此后,刘秀继续转战平定河北各地,终于形成了"跨州据土,带甲百万"的庞大势力,也有了称帝的雄厚资本。

阴丽华同后来的郭圣通,即刘秀的第一任皇后,是对刘秀一生影响最大的两个女人,没有一个是在太平盛世的情况下嫁给刘秀的,都是从刘秀于乱世的危局之中。十年之后,即建武九年,刘秀伤感于阴氏家族遭逢变故,当时刘秀身在陇右一线征讨隗嚣,后方京师洛阳附近发生变乱,流寇杀死了阴丽华的母亲,在诏书中引用了《诗经·小雅·谷风》中的句子:"将恐将惧,惟予与女。将安将乐,女转弃予。"大意就是说:"惶恐危难的时候,只有我和你在一起,现在安乐富贵了,你却将我抛弃了。"

东汉时期,为附庸风雅,极爱引用古代经典,刘秀是借用《诗经》中的语句来表达自责,对阴丽华只能列为"媵妾"身份的一种深深的愧疚。可见,虽然很多年过去了,但刘秀对当年阴丽华在宛城中陪伴自己度过那段人生中最为煎熬的时光仍然是念念不忘的。

建武元年,对刘秀来说是开基立业的一年,对于刘秀的两个女人——阴丽华与郭圣通来说,同样是不平静的一年。这年,在刘秀平定河北时一直伴驾左右的郭圣通为刘秀生下了第一个皇子,就是后来的太子刘强。这不但对刘秀是一件大事,对整个草创的东汉王朝来说也是一件大事。郭氏除了喜悦之外,还不得不面对另一件事情,定都洛阳之后,光武帝刘秀遣侍中傅俊护送他的另一个女人阴丽华来到了洛阳。

对于郭圣通来说,刘秀的另外一个女人是陌生的,显然她也不是郭圣通愿意见到的人。而对阴丽华来说,两年多之前,刘秀与她离别而去,之后她随家人几经辗转,惶恐度日,好不容易盼到两人再聚,却已是物是人非。昔日的夫君不但已登基称帝,身边还多了一个她不曾相识的女子,而且这个女子还有了他们的骨血,阴丽华的心境也是可想而知的了。

封建帝制时代,讲究的是"帝后同体",东汉皇朝建立之初,有帝无后,郭、阴二女均同封贵人。两位贵人中,刘秀以阴氏雅性宽仁,有"母仪之美",欲立阴氏为后。古之女子,未有不以登后位为人生至荣,可阴氏却坚辞不受,自陈不足以当大位。

相对于郭圣通来说,阴丽华最大的一个优势就是貌美,甚得刘秀本人宠爱。但郭圣通的到来却为刘秀平定河北立下了大功,

河北汉墓

且在平定河北之时,郭圣通一直伴驾左右。河北,是汉光武帝的龙兴之地,可以说没有平定河北,就没有日后的东汉王朝。

东汉初年的功臣宿将,均是从河北追随刘秀而来,只知皇帝身边有一位身世显赫的郭圣通而不知还有一位贵人阴丽华。还有很重要的一点,郭氏已经生下了皇长子刘强,而阴氏尚无皇子。故立阴氏为后,实众心难服。所以阴丽华坚决辞让,始终不肯接受后位。

建武二年六月,郭圣通被册封为皇后,其子刘强被册封为太子。

入主中宫

东汉王朝初建,虽然据有幽、并、冀三州及黄河以南的大部土地,但其西有关中百万赤眉大军,东有梁王刘永集团,即为平定"七王之乱"立下大功的西汉梁孝刘武的八世孙,南方则有秦丰、李宪等称王称帝的强大割据势力。这些割据一方,或称王、或立帝的强大军事集团,对东汉王朝的存在构成了巨大的威胁。至于西蜀公孙述、陇右隗嚣,更是刘秀日后的大敌。至建武六年初,经过六年连年不断的征伐与兼并,东方群雄皆灭。据有东方的刘秀与陇右的隗嚣、西蜀的公孙述,形成了东西对峙的鼎足之势。

建武九年,毗邻京师洛阳的颍川和河东两郡发生变乱,叛军和盗贼四起。这场叛乱在刘秀的亲自平定之下,很快平息,但贵人阴丽华的母亲和弟弟在这场叛乱中,为"群盗"所杀。这令刘秀感到甚为悲伤,为了安慰阴丽华,刘秀下诏说:"吾微贱之时,娶于阴氏,因将兵征伐,遂各别离。幸得安全,俱脱虎口。以贵人有母仪之美,宜立为后,而固辞弗敢当,列于媵妾。朕嘉其义让,许封诸弟。未及爵士,而遭患逢祸,母子同命,愍伤于怀。"

皇妃家眷遇害,皇帝下诏安抚,也在情理之中。但皇帝却偏偏在诏书中说了很多有关男女之情的话。最重要的是,诏书很直白地说出了在皇帝的眼中,拥有"母仪之美"的阴丽华才是皇后的最佳人选,而郭皇后能成为皇后,完全是贵人阴丽华"固辞"的结果。

这个诏书一下,让身为皇后的郭圣通情何以堪?南宋文学家洪迈在《容斋随笔》一书中,针对东汉建武九年刘秀所下的这道诏书,写下了《诏令不可轻出》一文:"人君一话一言不宜轻发,况于诏令形播告者哉……盖九年之诏既行,主意移夺,已见之矣。郭后岂得安其位乎?"天下的一统并不能改变渐受冷落的郭皇后的不安与怨恨。

建武十三年,刘秀把阴丽华年仅十岁的儿子刘阳称为吴季子,吴季子是春秋时期吴王寿梦的第四个儿子,按照礼法,本来没有资格继承王位,因为其父希望他即位,他的几个哥哥也认为他能继承王位,而吴季子却数次推让王位,最终没有继承王位。

刘秀以吴王寿梦自比,表达了他希望刘阳能够继承王位的想法,但前有阴丽华推让后位,后有阴姓不受封侯,刘秀担心儿子也会坚辞。而刘阳却回复父亲他对吴季子的看法,批评他:"愚戆无比。"这表明了,如果父亲愿意让他继承皇位,他一定不会拒绝。

建武十五年,阴丽华的哥哥阴识通和光武母舅樊宏一起获得赠封,而郭圣通的弟弟郭况除了在建武十四年等到了跟从刘秀政权来的第一次升职,封地没有任何增封,并且这个封地还是由郭圣通舅舅刘扬的真定国四县之中分出来的。之后,刘秀将几个儿子册封为公,而郭圣通的两个儿子的封地只有嘉名无实封,更重要的是,郭圣通所生的太子长期不就东宫。这一切都让郭圣通这个皇后难以忍受。

建武十四年后,也就是郭后失宠五年之后,郭圣通越来越对刘秀感到怨恨和不满,终于到了建武十七年,光武帝决定废皇后郭氏,立贵人阴丽华为后。光武帝下诏:皇后怀执怨怼,数违教令,不能抚循它子,训长异室。宫闱之内,若见鹰鹯。既无《关雎》之德,而有吕、霍之风,岂可托以幼孤,恭承明祀。今遣大司徒涉、宗正吉持节,其上皇后玺绶。阴贵人乡里良家,归自微贱。"自我不见,于今三年。"(此乃一句情诗,引用自诗经。本意为出征在外多年的丈夫回家见到妻子后对其表达的相思爱怜之情。)宜奉宗庙,为天下母。

在废后的同时,立即立新后,导致郭圣通所生的长子刘强一下子由嫡长子变成了庶长子,而刘阳则由庶子变成了嫡长子。如果在废掉郭圣通之后,并不立即立新皇后,那么刘强仍然可

刘秀塑像

以凭长子的身份留在太子位上,而当时的情况,嫡庶异位,他在太子位上便名不正言不顺了。刘强因此十分不安,多次上书表示要让出太子之位,在建武十九年,刘秀决定改立阴丽华的儿子刘阳为太子,改名刘庄。

光武帝废后的原因,主要还是偏宠于贵人阴丽华母子。但刘秀的废后诏书并未提及此事,而是说了另外一个原因:"既无《关雎》之德,而有吕、霍之风,岂可托以幼孤,恭承明祀。"诏书中所说的"吕、霍",即西汉一朝的吕后和霍成君。西汉初年,高帝刘邦驾崩之后,即发生了历史上有名的"人彘"事件。残酷的迫害,可谓震动后世的宫廷。

《后汉书·本纪·皇后纪上》中有这样一段记载:(邓)后闻,乃对左右流涕言曰:"我竭诚尽心以事皇后,竟不为所祐,而当获罪于天。妇人虽无从死之义,然周公身请武王之命,越姬心誓必死之分,上以报帝之恩,中以解宗族之祸,下不令阴氏有人豕之讥。"即欲饮药。邓后就是东汉第四代皇帝汉和帝的皇后邓绥。在其做贵人之时,险些因惧怕和帝死后自己遭到同戚夫人一样的"人豕"之辱而服毒自尽。邓绥乃日后名震东汉一代的女主,且又已经事隔了三百余年,可见此事对后世宫廷的影响。

但实际上史籍上既无郭圣通此类言行,亦无此

刘秀塑像

历史的天空

中国历代贤后

类行为,而两汉史学秉承司马迁严谨之风,基本上没有捏造、歪曲史实的情况,因此后世史学家多认为郭圣通是无过而废。刘秀对废后一事非常坚决,废后、立后同时进行,因此朝堂上的重臣没有时间进行反对,只能选择接受这份诏书。只有曾教导太子读书的郅恽小心翼翼地在大殿之上替郭皇后说了一些劝谏光武帝的话。

郭圣通被降旨废为中山王太后,移居皇宫北宫居住,虽然身心受到了极大的打击,但也算是历代废后之中为数不多的幸运之人了。历代但凡是失宠被废的皇后,下场都极为悲惨,轻则幽禁而死,重则如唐高宗的废后王庶人,被剔去手足,浸在酒缸中折磨而死。当然,这些皇后要么涉及谋反、巫蛊等大罪,而且大多无子。而郭圣通不仅没有这种重大过失,而且还为刘秀生育了五个儿子,其家族在刘秀河北创业时,有巨大的贡献,这样的皇后被废在中国数千年封建王朝史上也仅此一例。

刘秀并不想将郭氏及更加无辜的五个儿子置于死地,他只是不想将东汉基业交托到郭氏母子手中。他给了郭氏一个"王太后"的身份而不是将她废为庶人,并且给郭圣通的娘家诸人封侯,赏赐他们大批金钱,亲自莅临郭后母亲的葬礼,后来又给郭圣通的儿子们赠封。一来的确对郭圣通母子心存愧疚,二来他接受了郅恽的进谏,尽量减少废后异储的负面影响,做到"无令天下有议社稷"。于是范晔评价认为:郭后以衰离见贬,恚怨成尤,而犹恩加别馆,增宠党戚。至乎东海逡巡,去就以礼,使后世不见隆薄进退之隙,不亦光于古乎!

封建时代,因为深受根深蒂固的"封建正统思想"之影响,认为皇后无有大过不可轻废,故后世之人对刘秀的废后之举持负面看法者亦不在少数，认为这是汉光武帝一生的最失德之处，有曰"废郭立阴，圣德之玷"，如晋代史学家袁宏、明代大儒方孝孺、明末大思想家王夫之和李贽等。自汉光武帝后，历代皇帝每欲以私情无过废后时，臣下都不忘以光武黜废郭后为反面教材劝谏之，如宋代仁宗废郭后，明代宣宗废胡后，清代顺治废博尔济吉特氏，足见光武废后之事对后世的影响。在《后汉演义》中对刘秀废后一事中也说道："光武帝能容功臣，独不能容一妻子，废后之举，全出私意，史家多讥其不情。"

郭后被废十一年后病逝，安葬于洛阳北部的邙山，那里也是东汉历代帝后的安葬之处，古人历来就有"生在苏杭，死葬北邙"的说法。

光武帝驾崩之后，明帝即位，对阴氏、郭氏的族人一视同仁，当时在京师洛阳，郭氏家族与樊氏、阴氏、马氏，并称为"四姓小侯"。就连到了章帝时代，身为阴丽华嫡系子孙的汉章帝还亲到郭氏家中，大会郭氏族人，君臣非常和睦。

明帝建白马寺

阴氏黯然地做了十六年的贵人，也就是"妾"但仍能如此不偏不倚地厚待郭氏一族，除了她身为管仲后人，注重家风品行之外，还与她自身的品性有极大的关系。亲身经历了建武、永平两朝，对阴皇后极为熟悉的老臣第五伦在上疏中说道：光烈皇后"友爱天至"，就是说她天性善良，不愿去伤害别人。

建武中元二年，光武皇帝驾崩，明帝即位，尊皇后阴丽华为皇太后。东汉一朝，女主之盛，在中国两千年的封建帝制时代，绝无仅有，"外立者四帝，临朝者六后"，《二十四史》中，对后妃的记载都是《后妃列传》，唯有东汉一朝的后妃是《皇后本纪》。

阴丽华作为东汉开基之后，相对于后来的邓、梁等女主，在政治上是没有建树的，唯一做过的一件政治大事就是帮助明帝立伏波将军马援的小女儿为后，也就是那位被尊为中国历代贤后楷模的东汉明德皇后。

汉明帝永平七年，居后位二十四年之久的阴丽华崩逝。《通典》记载，永平七年，阴太后崩，晏驾诏曰："柩将发於殿，群臣百官陪位，黄门鼓吹三通，鸣钟鼓，天子举哀。女侍史官三百人皆著素，参以白素，引棺挽歌，下殿就车，黄门宦者引以出宫省。太后魂车，銮辂，青羽盖，驷马，龙旗九旒，前有方相，凤凰车，大将军妻参乘，太仆妻御，御女骑夹毂悉导。公卿百官如天子郊卤簿仪。"后和熹邓后葬，按以为仪，自此皆降损於前事也。

邓太后功盖一代，其崩逝之后下葬的礼仪完全比照了阴丽华当年的规模和程序。而终东汉一朝也只有邓绥获得了如此的殊荣。

阴丽华居后位二十四年，死后与光武帝合葬于原陵。东汉明帝君臣上其谥号为"光烈皇后"，谥法：秉德尊业曰"烈"。从未登上过东汉政治舞台前台的阴丽华在死后却得到了同后来临朝称制达20余年的东汉顺烈皇后梁妠一样的谥号。

阴丽华是中国历史上第一个真正拥有谥号的皇后。唐代的李贤在为《后汉书》作注时,在《皇后纪》的结尾处引用了东汉末年大儒蔡邕的《蔡邕集·谥议》一文:"汉世母氏无谥,至于明帝始建光烈之称,是后转因帝号加之以德,上下优劣,混而为一,违《礼》'大行受大名,小行受小名'之制。《谥法》'有功安人曰熹'。帝后一体,礼亦宜同。大行皇太后谥宜为和熹。"这是东汉初平年间,蔡邕上疏汉献帝,要求追正邓太后谥号的一篇行文。蔡邕为东汉时期的一代大儒,对汉室皇后的情况自然是了如指掌。蔡邕此文的本意是认为邓太后于社稷有大功,应当改谥为"熹",但同时也道出了汉室为皇后加谥号的制度起于阴丽华的"光烈"。

刘秀墓

阴丽华是真真正正的赢家，从整个人生圆满的角度上讲，那些历史上赫赫有名的、恩宠极重的美人——引得烽火戏诸侯的褒姒、倾城倾国的西子、三千宠爱在一身的杨贵妃均比不得，也不能比，这么讲也许不公平，因为她们和皇帝的身份是不对等的，而阴

阴丽华画像

丽华和刘秀，他们是真的举案齐眉，皇家关系的背后，她是他的妻子，他是她的丈夫，她拥有的所谓恩宠，是出自她所爱的男人真正的爱与尊重。

阴丽华是非常聪明，更重要的是聪明人一旦没有好的修养往往就会自作聪明，可以说她品性是极佳的，她不贪心，她主动让位、坚决让位，不是不想要皇后的位置，不过她要其实也未必是因为后位的荣光，而是因为那意味着她是刘秀堂堂正正的妻子，但是相比之下，她更不愿刘秀为难。刘秀是想立她为后的，但是政治形势上严峻，立她为后会对郭圣通家族的失信，她选择只要刘秀的爱，另一种意义上一辈子绝对的爱，后位与之相比就不值一提了。

机缘、因缘、姻缘，一个都不能少，造就了阴丽华和刘秀的传奇。

魏文昭甄皇后——甄氏

甄氏,中山无极人,中国三国时期魏文帝曹丕的正室,魏明帝曹叡之母。本为袁熙之妻,曹操攻陷邺城后成为曹丕的妻室。后因被文德郭皇后所谮而被曹丕赐死,死后谥曰文昭皇后。

《三国志·魏书·后妃传》里列举了其兄弟姐妹的名字,唯独没有她的名字。因为曹植描写宓妃的《洛神赋》被一些人认为是写给甄氏的爱情篇章,故此她一般被称为"甄宓"或"甄洛",有时又称为"甄妃""洛神宓妃"等。

公元 220 年,曹丕即位为魏文帝,准备册立皇后,这时能够与甄氏争夺后位的只有郭女王,郭女王是郭永的女儿,长得也很漂亮,而且比甄氏年轻,就是没有生下儿子。于是,郭女王利用曹叡是不足月生下来的,诬称甄氏怀孕两个月才与曹丕结婚,曹叡是否为曹家的骨肉,很值得怀疑。

曹丕以此事询问甄氏,甄氏对曹丕宠爱新欢郭氏和李贵人、阴贵人等,本已十分不满,又听说此事是郭氏从中挑拨,不禁怒火中烧,不顾一切大斥曹丕对自己亲生骨肉无端怀疑,有损曹门家风,曹丕愤而于公元 221 年赐甄氏自尽,翌年立郭氏为皇后。

到了公元 226 年,魏文帝死,曹叡即位为魏明帝,才为他的生母平冤昭雪,追谥"文昭皇后"。甄氏能诗,有《塘中行》诗传于世,曹丕称帝后宠郭皇后,郭后恃宠中伤甄皇后,甄后从此失宠,抛开帝后的身份不谈,从《塘上行》里读到了一个妻子对丈夫相思到极致的、一往无悔的深情泣诉,可怜甄后最后等来的只是曹丕的一纸死令。

诗云:"蒲生我池中,其叶何离离。傍能行仁义,莫若妾自知。众口铄黄金,使君生别离。念君去我时,独愁常苦悲。想见君颜

甄氏塑像

色,感结伤心脾。念君常苦悲,夜夜不能寐。莫以豪贤故,弃捐素所爱。莫以鱼肉贱,弃捐葱与薤。莫以麻枲贱,弃捐菅与蒯。出亦复苦愁,入亦复苦愁。边地多悲风,树木何修修!从君致独乐,延年寿千秋。"诗中抒发了一位含冤女子的心声,是一首很感人的五言诗。

传奇经历

历史的天空

中国历代贤后

文昭甄皇后是汉太保甄邯的后代,家中世袭二千石俸禄的官职。父亲甄逸曾任上蔡令。

甄氏于公元183年出生。一天晚上睡觉的时候,家里人好像看见有人把玉衣盖在她身上,大家对此都很奇怪。甄氏三岁的时候,甄逸去世,甄氏哭的非常伤心,周围的人更加看重她了。之后相士刘良为甄氏及甄逸其他子女看相,刘良指着甄氏说:"这个女孩贵不可言。"因此,甄氏从小到大,都没人敢戏弄她。八岁时,院子外有耍杂技的人,甄氏的家人及几个姐姐都上阁楼观看,只有她没去。几个姐姐奇怪地问她,甄氏回答:"此难道是女人该观看的吗?"

甄氏很喜欢读书,九岁时,看过的字文都立刻领会,多次用她哥哥的笔砚写字,她哥哥就对她说:"你应该学习女工。读书学习,想当女博士吗?"甄氏答道:"听说古时候贤惠女子,都学习前人的经验,用来借鉴。不读书,拿什么借鉴呢?"

汉末天下大乱,灾荒连年,百姓们为糊口活命纷纷卖掉家中值钱的东西。当时甄家有大量的谷物储备,趁机收购了很多金银宝物。甄氏当时才十几岁,看到这种情形便对母亲说:"乱世求宝,可不是善策啊!一个人本来没有罪,但因拥有一件珍宝便可能被定为有罪,这便是人们通常所说的因财丧命。再说眼下众多百姓都在饥饿之中,不如将我家谷物开仓赈济四方乡邻,这才算是一种惠及众人的德行。"全家人都认为她说得有理,是个好主意,于是将家中的粮食全部无偿分发给邻里乡亲。

甄氏十四岁时,二哥甄俨去世,二嫂虽然很悲伤,但还要做些琐事。甄氏母亲性格严厉,对几个儿媳妇不是很好,甄氏几次劝母亲:"二哥不幸早死,二嫂年纪轻轻就守寡,照顾唯一的孩

子,道理上讲,您对待她要当成是儿媳妇,爱护她像自己的女儿。"母亲听了甄氏的话惭愧地流下眼泪,之后对待二嫂的生活起居就像对待甄氏一样,平时也多有走动,关系密切。

建安年间,袁绍为他的次子袁熙聘娶了甄氏。公元199年,袁熙出任幽州刺史,甄氏留在冀州侍

曹丕像

奉袁绍的妻子刘夫人。

公元 204 年,冀州邺城被曹操攻破,刘夫人和甄氏共坐皇堂上。曹丕进入袁府中,见到刘夫人和甄氏,甄氏害怕,把头伏在刘夫人膝上,刘夫人让人把自己手绑起来。曹丕问:"刘夫人为什么要这样?让你儿媳妇把头抬起来!"刘夫人捧起甄氏,让她抬起头来,曹丕看了一眼,见她美貌非凡,惊为天人。

曹操知道了曹丕的心思,就为他迎娶了甄氏。当时还有一说法:曹操攻下邺,曹丕先进袁府,看到有个少妇披头散发,脸上也很脏,躲在刘夫人身后哭泣,曹丕问她是谁,刘夫人回答:"是袁熙妻子。"然后曹丕帮她把发髻挽起,用手巾擦拭面庞,发现她姿貌绝伦。之后,刘氏跟甄氏说:"现在不用担心被杀了!"曹丕于是纳甄氏为妻室,很是宠爱。

甄氏初有宠于曹丕,生下儿子曹叡和女儿东乡公主。甄氏对曹丕妾室中得宠的劝勉她们努力上进,对无宠的安慰开导,并常常建议曹丕说:"古时黄帝子孙繁盛,是因为妻妾多的缘故。所以夫君也应该多求淑媛,让子嗣旺盛。"曹丕听了心里很高兴。

曹丕要驱逐一位姬妾任氏时,甄氏问曹丕说:"任氏是乡党名族,不论德、色,我都比不上,为什么要休她?"曹丕说:"太任性、性子急、不温柔,心里对我的怨恨很久了,所以休了她。"甄氏哭道:"我受你的宠爱,所有人都知道,肯定会说你休任氏,是因为我的缘故。往上我怕公婆说我自私,往下其他妻妾会数落我受专宠之罪,希望你能重新考虑!"曹丕不听,坚持休了任氏。

公元 211 年七月,曹操西征,随行的卞夫人途中生病留在孟津,曹丕留守邺城。当时卞夫人身体虚弱,又担心曹操的安危,睡觉也不踏实,经常流泪。甄氏要去孟津照顾婆婆,曹丕不想让她

曹丕塑像

去，就让下人骗她说卞夫人病好了，甄氏不信，说："夫人在家，老毛病常犯，现在怎么好的这么快？你一定是安慰我！"所以更加担心。之后得卞夫人回信，说身体已经恢复，甄氏才开心起来。

公元212年正月，大军回邺，甄氏去迎接，看到卞夫人悲喜交加，感动了周围的人。卞夫人见甄氏这么关心自己，也忍不住流泪，还说："新媳妇怕我上次生病也会像以前那样反复难愈吗？我只是有点不舒服，小病而已，十几天就好了。你看看我的气色很好呢。"然后叹道："真是孝顺的媳妇啊！"

公元220年，曹操逝世，其子曹丕继任为魏王。六月，曹丕南征，甄氏被留在邺城。同年，曹丕逼迫汉献帝刘协退位而成为皇帝，即魏文帝。退位为山阳公的刘协将两个女儿献与魏室为妃嫔。除献帝二女外，曹丕在洛阳，后宫爱幸者有三：贵嫔郭女王，位次皇后;李贵人，生有皇子曹协;阴贵人，东汉大族南阳阴氏女。早在曹丕初即王位时，便进郭女王为夫人，封号等同甄氏。到曹丕称帝，携郭女王到洛阳，进封贵嫔，地位仅次于皇后;甄氏则被留在邺城，仍为夫人，不立为皇后。甄氏愈发失意，有怨言。

公元221年6月，曹丕遂遣使者至邺城将甄氏赐死，葬在邺城，据传殡葬时披发覆面，以糠塞口。当时，曹丕曾请术士周宣解梦，周宣答:"天下将有贵族女子冤死。"曹丕闻言后悔，派人追回赐死甄氏的使者，但已不及。

公元222年，曹丕册立郭女王为皇后，令甄氏之子曹叡奉郭皇后为母。

公元226年，曹丕驾崩，曹叡即位，朝中掌管礼乐祭祀的官员奏请为甄后追加谥号。于是明帝派司空王朗持节以三牲之礼到甄后陵墓祭祀，又专门为她修建寝庙。

公元227年3月，曹叡以中山国魏昌县之安城乡一千户追封甄后的父亲甄逸，谥号安城乡敬侯，其孙甄像承袭爵位。4月，曹叡下诏在洛阳营建祖庙，施工中从地下挖出一块玉玺。此玉玺一寸九分见方，上面刻有"天子羡思慈亲"六个字。曹叡持玺而动情，因而备下牲礼到宗庙祭告。此后曹叡又多次梦见母亲，益发增加了对母亲的思念之情。于是对诸舅氏按亲疏排出顺序，分别予以任用，赏赐累计达到万两之巨，又擢升甄像为虎贲中郎将。甄后母亲病故，曹叡披麻戴孝亲自参加了葬礼，朝中文武百官陪同致祭。

公元230年，太和四年十一月，曹叡感到母亲甄氏的陵墓过于低矮简陋，便委派甄像以兼职太尉的身份，持皇帝节杖到邺城，祭告土神，改葬甄氏于朝阳陵。

历史的天空

中国历代贤后

宓妃传说

　　民间传说宓妃是天神伏羲的小女儿,长的非常美丽,可是,身体不是很好,因此伏羲不喜欢她。一日,她来到洛水之滨,河伯倾于她的美貌,向她求爱。而她眼见夕阳之下,洛水波光粼粼,十分美丽,于是投向洛水,在洛水为神,称为洛神。

　　《淮南子》中记载,伏羲氏之女洛神嫁于河伯为妻,但河伯不贤,与水族女神私通,洛神与后羿情深。河伯与后羿大战于天庭,

《洛神赋图》

天帝于是震怒,将洛神贬落凡间……洛神转世之后,为美女甄宓,曹操攻下邺城之后,将甄宓一家接入司空府,奉作上宾。

甄洛画像

曹子建、曹子桓(曹丕)两人同时钟情甄宓,最后,两人由好兄弟变成大仇人。种种因素之下,丕登上帝位,甄宓为后,另外丕又娶郭嬛为妃,郭嬛不甘为妃,于是同司马懿设计害死甄宓。另一方面,植与甄宓两厢情阅,甄后逝后数年,植在洛水之滨又见甄宓。

曹植在《洛神赋》中这样写她的姿态:"翩若惊鸿,婉若游龙。荣曜秋菊,华茂春松。髣髴兮若轻云之蔽月,飘飖兮若流风之回雪。远而望之,皎若太阳升朝霞;迫而察之,灼若芙蕖出渌波。"真是形象鲜明、色彩艳丽,令人目不暇接。

李商隐在他的诗作之中,曾经多次引用到曹植感甄的情节,甚至说:君王不得为天下,半为当时赋洛神。

相传,曹植的《洛神赋》便有爱慕甄氏之意。

深谋远略女豪杰——胡充华

胡充华,宣武灵皇后,史书上多称之灵太后。出身安定临泾,为司徒胡国珍的长女,母亲秦太上君皇甫氏。北魏宣武帝妃、北魏孝明帝生母。

尊为太后

胡氏幼年时受到良好教育,成年时入佛寺为尼。她在佛寺精研佛法,深通佛经义理。宣武帝元恪即位初年,她被宣召入宫讲道。其秀丽优美的姿容、伶俐的口才,深深地打动了宣武帝,于是宣武帝破例下诏封其为世妇,随侍左右。

胡氏的姑姑做尼姑,很能讲解佛理。宣武帝在位初年,胡氏的姑姑进入宫廷讲授。过了几年,她暗示左右的人称赞胡氏的容貌德行,宣武帝听说后,就召其进后宫做承华世妇。当时的北魏政权,奉行"子贵母死"制度,儿子立为太子,母亲就要处死。而在宫廷之中,妃嫔们相互祈求祝祷,都希望生诸王、公主,不希望生太子。仅胡氏常对夫人等说:"天子怎可独独没有儿子,为什么

胡充华像

畏惧自己的死而使皇家不养育嫡长子呢？"等到胡氏怀上身孕，与她同列的妃嫔们还因旧例为她恐惧，劝她想办法。胡氏拿定主意不动摇，半夜一个人发誓说："但愿所怀的是男孩，按次序将成为长子，儿子生下我被处死，我也在所不辞。"

公元510年，永平三年三月十四日，胡氏宣光殿生下皇子元诩，被升为充华。在这之前，宣武帝频繁地夭折皇子，自认为年纪已大，对元诩特别谨慎照料。为元诩选乳母保姆，都选取良家善养男孩的妇女。在另外的宫室中抚养，胡氏和众嫔都不能抚育看护。

公元512年，延昌元年十月十八日，元诩被立为皇太子，胡氏多亏朝中大臣刘腾、于忠、崔光等从中相助，不但没有遵照旧制将她赐死，反而晋封为贵嫔。

公元515年，宣武帝去世，元诩即位，是为孝明帝。尊宣武帝皇后高氏为皇太后，尊胡氏为皇太妃。不久，胡氏逼皇太后高氏到瑶光寺出家为尼，尊自己为皇太后。由于元诩年幼即位，所以由胡太后临朝听政，大臣还称她为殿下，由她下令处理事务。后来改令称为诏，群臣上奏疏称陛下，她自称为朕。

胡太后因孝明帝幼小，不能亲自祭祀，想依照《周礼》中夫人与君主交相奉献的义理，代孝明帝进行祭礼，寻访过去的样板。门下省召集礼官、博士商议，认为不可以。而胡太后想用缯帛遮住自己，观看三公料理事情，再询问侍中崔光，崔光就依据东汉太后邓绥进献祭品的旧例赞同，胡太后大喜，于是代行最初的祭祀。

胡太后禀性聪颖有悟性，多才多艺，姑姑做尼姑，胡太后幼年依托她，粗略得知佛经大义。她亲自处理纷繁事务，亲笔批阅公文。前往西林园法流堂，命令侍臣射箭，不能射中的加以惩罚。又自己射针孔，射中了，大喜，赏赐左右的人布帛多少不等。在这之前，胡太后下令造申讼车，适时乘坐着，从云龙大司马门出宫，从宫廷西北，进入千秋门，以接受投诉的冤情。

胡太后又在朝堂亲自策试孝廉秀才、州郡上计簿的官吏。胡太后和孝明帝前往华林园，在都亭水流拐弯处宴请群臣，命令王公以下各赋一首七言诗。胡太后的诗句说："化光造物含气贞。"孝明帝的诗句说："恭己无为赖兹英。"王公以下赐予布帛多少

宣武帝陵墓

不等。

公元 518 年,胡太后的父亲胡国珍去世,百官上奏胡太后请因公除去丧服,胡太后不准许。不久前往永宁寺,亲自在九级台基上建佛塔,僧尼赶去的有几万人。到改葬文昭皇后时,胡太后不想让孝明帝主持此事,就亲自做丧事主持人,出城到终宁陵,亲自祭奠安排事务,回来后在太极殿哭祭,直到事情结束,都是自己主管。

后来前往嵩高山,夫人、九嫔、公主以下随从的有几百人,登上山顶。废除各种不合礼制的祭祀,而胡人天神不在废除之列。后来前往左藏库,王公、妃嫔、公主以下随从的有一百多人,胡太后命他们凭力气扛布帛,以所扛布帛的多少来赏赐他们,多的过二百匹,少的一百多匹。仅长乐公主手拿二十匹绢出来,表示不与众人相异而没空手而回。世人称赞她的廉洁。仪同、陈留公李崇,章武王元融都因所扛的过多,倒仆在地,李崇竟然伤了腰,元融为之伤了脚。当时人为此编出谣谚说:"陈留公、章武王,摔得腰痛腿也伤。贪婪败德一类人,污我明主好声望。"胡太后前往阙口温水,登上鸡头山,自己发射象牙簪,一次发射就中靶,命令拿给文武官员看。

临朝听政

熙平元年,宣武帝去世,年仅 6 岁的元诩继位,是为孝明帝。胡太后以皇太后身份垂帘听政,实际掌握了北魏最高政治权力。胡太后临朝听政之初,颇有一番作为。她每日临朝批阅朝臣奏章,对重大案件亲自决断,亲自考核地方官员,一时之间,朝纲肃整,百官膺伏。然胡太后一旦拥有不受约束的权力,其天性中追

历史的天空
中国历代贤后

求奢靡的阴暗面很快就暴露无遗。

胡太后大肆崇佛，深信佛法能减轻罪孽。临朝后，她佛事口炽，耗资巨万广建寺院，开凿石窟，其建筑规模之宏大，实属历代之最。如在洛阳龙门山、伊阙山建造石窟寺，前后用工达80多万个；她在皇宫旁修建永宁寺，其中一所浮屠塔高90丈，塔上立柱高10丈，离开京城百里之遥犹能见之。寺内僧房多达千间，其中铸丈八金佛像一尊，中等金佛像10尊，玉佛像2尊。佛刹上有金宝瓶，瓶下有容露盘30重，周围皆垂以金铎。浮屠塔四面窗扉上缀满金钉。高风永夜，宝铎和鸣，铿锵之音，声闻10余里。

当时，全国庙院激增至3万余所，僧尼多达200余万人。仅洛阳一地，寺院竟有1367所，自佛法传入中原，塔庙之盛，未之有也。鉴于崇佛造成大量社会财富流失，大臣李崇、张普惠等人多次上疏谏净，然胡太后固执如常。

胡太后又极爱饮宴游乐，高兴之余，常常赏赐亲信大量财物。一次，她驾幸嵩上山，随从多达数百人，为了取乐，传令手下大开府库，命王公、嫔妃、公主们随意攫取，结果，大量绢帛散入私家。

胡太后豪奢无度，流风所及，达官贵人竞奢夸富。高阳王元雍有男仆6000人，一餐饭花费数万钱。河间工元琛与元雍比富，用银槽喂马，用西域所产玛瑙碗、水晶盅、赤

胡充华像

75

玉壶宴饮宾客。章武王元融看见气恼不堪，卧床三百日不能起。此外，胡太后个人私生活也荒淫无节制。清河王元怿容貌俊美，胡太后借故将其召入后宫，不但与其私通，且将朝政大权委托于他。胡太后所作所为激起朝野内

胡充华像

外的不满。领军元叉借故发动政变，杀掉元怿，囚禁胡太后。而胡太后又伺机发动反击，将元叉杀掉，重执权柄。

此时的北魏朝政一片污浊。吏部尚书元晖卖官鬻爵，皆有定价，大郡 2 000 匹，次郡 1 000 匹，下郡 500 匹，其余授职亦有价。咸阳王元禧掠夺的土地遍布远近。胡太后不顾当时全国连年发生自然灾害，竟强迫预征 6 年赋税。残酷的民族压迫和阶级压迫终于引发了大规模的反抗。

公元 520 年至 529 年，北方 6 镇和全国各地不断爆发农民起义，北魏王朝前往镇压的军队多次遭到惨败，北魏的统治处在风雨飘摇之中。

此时，北魏孝明帝元诩逐渐年长知事，深感胡太后所为势必将王朝带上毁灭之路，因而决心自己执掌国政。但胡太后却继续宠用私党，常借故诛杀孝明帝的近臣。

公元 528 年，孝明帝的潘嫔生了一个女儿，胡太后却对外宣称生了一个皇子，并大赦天下，以示庆祝。孝明帝忍无可忍，乃发密诏命镇守晋阳的大将尔朱荣，率兵南下进兵洛阳，以胁迫胡太后交权。

不料消息泄漏,胡太后竟与亲信将孝明帝毒死,向天下宣布由年仅三岁的临洮王子元钊继位。消息传出,天下震惊,朝野愤慨。大都督尔朱荣乘机兴兵作乱,南下攻陷洛阳。胡太后见大势已去,便自行削发为尼,再入佛寺。

武泰元年四月,尔朱荣兵入洛阳,将胡太后和幼主皇帝沉入黄河溺死,又将文武大臣2 000余人尽数杀死,这就是历史上有名的"河阴之变"。事变过后不久,北魏王朝便分裂为东魏和西魏。

胡太后死后被埋于双灵寺。孝武帝时,以皇后之礼重新殡葬,追谥号曰灵。

值得一提的是胡太后还有很高的文学才华,《中国文艺词典》把她列为中国女词人,其代表作品是《杨白花》词:阳春二三月,杨柳齐作花。春风一夜入闺闼,杨花飘零落南家。含情出户脚无力,拾得杨花泪沾臆。秋去春还双燕子,愿衔杨花入窠里。

这首诗貌似淡水而实为醇酒,在中国文学史上常被作为北朝的代表作品加以介绍。

孝明帝定陵

隋文帝文献皇后——独孤伽罗

　　隋文帝皇后独孤氏，讳伽罗，北朝关陇军事集团重要成员独孤信的七女，河南洛阳人。14岁嫁给仪表非凡的杨坚，同年父亲因政斗失败被杀，家道中衰，丈夫亦遭权臣猜忌。独孤伽罗保持低调谦恭作风，为杨坚广结人缘、树立良好形象；周隋交替之际，审时度势、果断出击，和杨坚开创隋朝基业；在后位时，大力推荐国之良臣，对朝政"随则匡谏、多所弘益"，终身对隋文帝都产生了强烈影响力，于开皇之治功不可没，宫中同尊帝后为"二圣"。帝后夫妻恩爱、情投意合；帝后同寝、并辇上朝；五

隋文帝像

子五女、一母同胞。晚年主导废易太子引发史学界争议评价。仁寿二年八月病逝，隋文帝不能忘情，迷信皇后升化为妙善菩萨，并亲自为妻送葬；又营造天下最盛佛寺为妻祈福，临终前企盼和爱妻"魂其有知，地下相会"。仁寿四年七月文帝病逝，十月帝后合葬太陵。皇后全谥曰"文献皇后"。

缘定三生

西魏大统十年，秦州刺史、河内郡公独孤信喜得第七女。当时北朝上至皇室贵族、下至黔首黎民普遍崇佛，独孤信也不例外，他给女儿取了一个极富佛教色彩的名字：伽罗，意为沉香木、奇楠香。谁也不曾料到，37年后，这个女孩将会掌控中国历史的走向。

小伽罗的祖辈为依附拓跋鲜卑政权的北匈奴贵族，为北魏勋臣八姓之一。父亲独孤信在北魏六镇起义时以自身军功登上政治舞台，曾协助宇文泰开创霸业，位列西魏八柱国，北周时进卫国公，因容貌俊美风流，号"独孤郎"，留下"侧帽风流"典故；母亲崔夫人却是出自两汉的汉族政治文化世家清河崔氏，这个家族为中古时期首屈一指的汉族政治文化门阀世家，世代重视德业、儒教和文化传承，人才辈出，家族成员为北魏统一黄河流域立下过汗马功劳。

匈奴、鲜卑等草原民族有母系遗风，旧俗"妇持门户"，在这种风俗影响下长大的小伽罗，自然具有鲜明的北朝妇女之风：既有当家做主参与维护家族利益的自觉性，又维护自身利益的自觉性。同时，其母崔氏又为小伽罗烙上了深刻的汉文化印记。

清河崔氏是一个文化功底深厚、学识渊博的文化世族，史载文献皇后"雅好读书、识达今古"，可见这个家族的文化气息在伽罗身上也有相当程度的体现。独孤伽罗身上既有父系游牧民族的独立英气，又有母系汉文化之博雅谦和，本身便是民族大融合的时代产物，是汉化了的鲜卑人。

伽罗生长的年代，中华大地分裂为几个对立的政权：东魏、西魏和南朝。诸政权之间战争频繁爆发，社会长期不得安定。童年时，父亲独孤信不时骑着高头大马出去建功立业，紧张不安的战争让英气的小伽罗锻炼出了不同一般少女的勇气和胆识；胜利后的喜悦荣耀，让小伽罗感到无比骄傲，心中埋下渴望展现才华，成就一番不输男儿事业的志气；而生长于顶级权贵的家族，又让聪慧的少女视线超出闺阁，开始关注这个特殊时代的天下局势与命运。

北周孝闵帝元年（557年），14岁的独孤伽罗由父亲做主，嫁给了他的故交、西魏十二大将军之一杨忠的嫡长子杨坚。时年17的杨坚小名"那罗延"，意为金刚力士。他相有奇表、气质非凡，性格深沉稳重，外表木讷而内心有大气魄，因从小在寺院长大，又养出了一股与众不同的威仪风姿。这是一桩门当户对的贵族亲缘联姻。

少年郎杨坚此时初入仕途，又得配佳人，意气风发、踌躇满志正欲有所作为，但命运和他开了个大玩笑。杨坚和伽罗结婚前夕，西魏恭帝三年十月，西魏、北周的实际缔造者、关陇集团的核心凝聚人物宇

隋文帝杨坚像

文泰去世,遗命其侄宇文护辅政。在其主导下,宇文家族取代了西魏元氏政权,政治态度倾向西魏且位高权重的独孤信立场微妙。

小夫妻婚后月余,独孤信与北周权臣宇文护政斗失败被逼自尽,势力流散,妻儿也受牵连流放到蜀地多年,独孤家族从此退出权力中心,家道中衰。因杨家不肯依附宇文护,再加上与独孤信联姻的这层关系,导致杨坚不幸遭到池鱼之殃,他备受猜忌,连续八年原地踏步不得升职,甚至不时有性命之忧。

政斗的残酷阴影却没有影响这对小夫妻的感情,和杨坚的姻缘使独孤伽罗保留了贵族身份,免遭流放之罪,而家门巨变的阴影,又让丈夫对她更为爱怜有加。少年男女两情相悦的倾心钟情、建功立业欲有作为的共同理想志向,把杨坚和伽罗的心紧紧拴在一起。

情到浓时,杨坚和爱妻誓无异生之子,相约白头,永不变心。杨坚夫妇之后相继诞育有五子五女,携手走过了近50年人生风雨。在杨坚一生风云诡谲的岁月中,爱妻伽罗始终是他最亲密的爱人、知己、智囊和精神支柱。

政治继续在杨坚夫妇面前充分展现其隐秘和黑暗的一面。宇文护攫取政权、废掉孝闵帝、毒死明帝,他那阴冷的目光不时瞄向杨家这条似乎也不太稳固的船,着实森然可怖。杨坚和妻子不得不相互鼓励、互商对策,以期逃避宇文护怀疑的目光,伽罗也一直保持低调谦恭作风,尽量为丈夫消祸。

所幸由于北周生存环境形势严峻,北有突厥骚扰侵犯、东有北齐虎视眈眈、南有南朝趁火打劫,杨坚的父亲杨忠虽然不肯依附宇文护被打压,但因骁勇善战,宇文护又不得不拉拢依靠老将来保护巩固北周国家利益。杨忠靠战功在北周一直拥有相当的地位，杨坚的两个弟弟也相继和宇文皇室联姻，二弟杨整娶了宇文泰外甥的女儿尉迟氏、三弟杨慧娶了周武帝之妹顺阳公主。杨坚夫妇在父亲的羽翼之下暂得保全。

杨忠去世两年后，北周天和七年，隐忍多年的北周武帝宇文邕突然发动政变，铲除了权臣宇文护，杨坚夫妇终于松了一口气。由于杨忠父子不曾依附宇文护，且有杨忠元勋的地位声望及杨坚本身长期被打压无势力朋党，独孤家族又早已风光不再，周武帝特意礼聘杨坚的长女杨丽华为其皇太子宇文赟之太子妃。

但阴影很快又笼罩在杨坚头上。因为杨坚相有奇表、气质突出，周武帝心腹臣僚王轨和齐王宇文宪对他起了猜忌，劝周武帝尽早除掉他，杨坚再度陷入险境。所幸周武帝并不信相面之言，某种程度上回护了内部对杨坚的攻讦之言。周武帝倾全国之力吞灭了长期对峙的老对手北齐高氏，为统一中国做准备时，却得病英年早逝，其子宇文赟即位，是为宣帝，杨丽华成为皇后。

周宣帝上台后，一反其父励精图治作风，行为乖张暴戾。为了抓紧权力，引入岳父杨坚

周宣帝像

辅政。而杨坚虽然跻身政治权力最高阶层,但这位女婿实在凶狠残暴,他收拾了一批宗室、大臣后,又把目光投向了岳父。

宇文赟一反成制相继册立四个皇后,与元配皇后杨丽华并匹;旋而,又欲赐死杨后。在杨家面临帝王的不测之怒、家族命运悬于千钧之重之时,独孤伽罗一展其北方妇女的坚强风慨,毅然闯宫"诣阁陈谢,叩头流血",使杨后得免于赐死之难而家族得免于株连之厄。

杨坚再度处于朝不保夕的危局,正谋外放试图保全性命时,长期处于非理性生活状态的宣帝在即位两年后暴病而亡。这时宣帝之子静帝年方九岁,最高皇权陷入真空。宣帝幸臣刘昉、郑译矫诏引外戚杨坚入宫辅政,试图通过操纵他掌控最高权力。

周宣帝的暴死几乎是命中注定给杨坚夫妇出头的机会。杨坚和独孤伽罗的人生始终都在政治险恶的惊涛骇浪中度过,由此也积累下了丰富的政治斗争经验。通过一番斗争,杨坚反制住宣帝幸臣,控制了中央权力中枢。此时,杨坚遇到个人命运与国家命运的生死抉择,他可以保存年幼的周帝,做一个掌握实权的权臣,减少北周旧臣的反对;也可以趁机取而代之代周自立,但这对根基薄弱的他来说,实在是一件一步不慎身死族灭的危险之事。何去何从,杨坚犹豫不决。

就在这个关键时刻,独孤伽罗派心腹入宫向丈夫进言:"大事已然,骑兽之势,必不得下,勉之!"她很可能吸取了宇文护的教训,与其做权臣身败名裂,不如干脆自己当皇帝,改朝换代、成一世之雄。妻子一句话点破了杨坚的处境,也给了杨坚最大的支持和鼓舞,他顿下决心:开基立隋。关键时刻,独孤伽罗巾帼不让须眉,表现出了果敢善断的政治家气魄。

母仪天下

　　《隋书》里经常可见对隋文帝"雅听妇言"的强烈批评，但历史人物的人生当然不是按照史书价值观要求的框架而活。史书不会浪费笔墨去记载隋文帝龙飞之前那一段无望的前尘往事，《皇后列传》里短短两句就匆匆结束了独孤伽罗整整24年的甜美青春年华。

　　不过，把支离破碎的史料整合起来，我们知道，意气风发、满怀抱负的杨坚的青春被蹉跎浪费，世人不再相信他还能有出头之日，连相继娶了贵妻的同母弟弟们也看不起他，甚至凌辱兄嫂。不过还好，独孤伽罗始终相信他。独孤伽罗始终坚信丈夫是举世无双的英雄，并且给了他最深刻的支持和信任。独孤伽罗14岁就嫁给杨坚，可见她的见解、才华是在和丈夫的不断交流互动之中得到提升进步的，并不是某一个单方

隋文帝塑像

历史的天空

中国历代贤后

面的付出。

俗语云：共患难易，共富贵难。权力容易引导出人性阴暗的一面，使人魔障和异化。然而，隋文帝夫妇掌控至高权力，却做到了终生毫无保留信任彼此，全无猜忌。隋文帝的逆天之举在于他允许了爱妻和他并尊"二圣"。至尊之位享受了最高的荣耀风光，同时意味着心灵上最深刻的孤寂。已经拥有人世间最美好感情的杨坚怎忍心推开这份温暖成为一个孤家寡人？

于是，他彷徨苦闷之时，有爱妻陪他对觞解忧、问策肱骨；他暴躁失态时候，有爱妻抚平他的怒火；他指点江山的时候，有爱妻在一旁查漏补缺；他志得意欢的时候，皇后永远陪在身边骄傲地含笑看着他。生性严肃、木讷的杨坚是如此感动于夫妻之间的深情，不管外人如何看待他们，也许他们夫妻心中只有这种互为知己、深沉爱恋对方的高天之义、厚地之恩。

独孤皇后虽然深度参与了国家管理，不仅在后宫辅政，还把触角直接伸到了政治前台，亲自参与处理朝政。但她并无个人野心私欲，其作风低调、甘居幕后，而且以身作则、严于律己，母仪天下，堪称贤内助。

据《隋书·文献独孤皇后传》记载，开皇初年，突厥和隋朝互市，出售一筐明珠，要价八百万钱。有人劝独孤皇后买下来，独孤皇后说："非我所须也。当今戎狄屡寇，将士罢劳，未若以八百万分赏有功者。"一下子赢得满朝归心，这为新生的隋杨政权树立了良好的政治形象。史书又载，隋文帝和药，需要胡粉一两，跟独孤皇后讨要，没想到独孤皇后一直两袖清风，竟然没有。独孤皇后朴素到这种程度，跟一向提倡节俭的隋文帝珠联璧合，共同营造了隋朝初年简朴的宫廷风气。

隋文帝泰陵

　　隋文帝对皇后的爱重满朝皆知。当时,有关部门曾趁机上奏讨好皇后:"根据《周礼》,百官之妻的命妇头衔都应该由皇后授予,请求恢复古制。"这其实是给皇后找一个大出风头的机会。但是,独孤皇后一口拒绝:"以妇人与政,或从此渐,不可开其源也。"如果让皇后册封命妇,恐怕会开了妇人参与国务活动的口子,甚至发展到干权乱政的程度,所以万万不可。

　　独孤皇后不仅在生活上起居简朴、不尚华丽,而且公私分明、抑制外戚。教育子女时,要求儿子们作风简朴、注重夫妻关系,女儿们要培养妇德、孝顺舅姑。她在恢复传统伦理道德以治理天下的观点上和隋文帝如出一辙。就这样,独孤皇后一方面积极为隋文帝贡献她的政治才华,另一方面则是牢牢把握尺度,并不违规干政。

　　《隋书·文献独孤皇后传》称:独孤皇后"谦卑自守,世以为贤"。这应当看作是当时的公论。

隋唐时期伟大的女性——窦皇后

太穆皇后窦惠,唐高祖窦皇后,北周定州总管神武公窦毅与北周武帝姐姐襄阳长公主的女儿。聪慧刚毅,颇有才华。嫁李渊,生子李建成、李世民、李玄霸、李元吉,一女平阳公主。谥称"太穆皇后"。

出身不俗

据说这位太穆皇后生来不凡,刚出娘胎头发就长过颈项,3岁时头发就已经与她的身高一样长短了。周武帝对这位外甥女非常喜爱,自幼就将她养在宫中。这时候的窦毅已升任柱国大将军,兼领大司马;窦炽出任太傅,其长子窦恭为雍州牧,后为伐齐二路总管;窦荣定时任开府前将军,窦氏一门受到朝廷的特别重用。

窦惠在皇宫里受到良好的文化教育,她有超人的记忆力,喜爱读书,过目不忘。她尤其喜读《女诫》《列女传》等。她对社会、对生活有超常的观察力,可以说她的聪明超越了她年龄应有的界限。

　　周武帝的阿史那皇后是突厥木杆可汗俟斤之女，是周文帝为了讨伐北齐、统一北方、争取突厥军事上支持的政治联姻，所以周武帝对阿史那皇后并不宠爱。幼小的窦惠虽然每日在皇宫中读书、写字。但她却锐敏地觉察到皇帝舅舅和阿史那舅母之间的关系并不和谐。她虽然年纪幼小，却能意识到这件事的重大影响。

周武帝像

　　有一天，她偷偷地跟舅父周武帝说："现在北周王朝国力还不强盛，四周边关也常有骚扰。北边突厥势力很强大，希望舅舅能对舅母阿史那'抑情抚慰'，要以北周王朝百姓的安居乐业为重。北周王朝还需要借助突厥的力量，使北部边关能够平静下来，这样江南、关东也就不敢贸然进犯，你也就会感到安全了。"又说："舅母阿史那皇后不但人长得漂亮,言谈举止也很礼貌得体。再说,那些婚姻中的曲折,也怪不得她。她一个人背井离乡,来到关中内地,语言和生活都不习惯,一定是孤独得很,舅父应该多体贴她,体贴她一个做女人的难处。"

周武帝听了窦惠的话,十分惊异,没想到这么一个年纪小小的女孩子,竟然有如此的政治远见和卓识,竟然能这般体察人情、善解人意,不禁十分高兴。于是周武帝欣然采纳了窦惠的建议,调整了与皇后阿史那的关系,也加强了与突厥的友好关系,使北周在很长一段时间获得了稳定与发展。

太穆皇后窦惠在中国历史上有极深远的影响,在窦氏家族史上多有记载。《新唐书》上列举了太穆皇后往上 32 世窦氏先祖的名讳,这就肯定了与孔子同时代的晋国贤大夫窦鸣犊乃窦氏 49 世,相继排列出了西汉孝文皇后为窦氏 58 世,东汉章德皇后为窦氏 67 世,桓思皇后为 69 世,北魏神元皇后为 71 世,太武皇太后为 76 世。太武皇太后与太穆皇后的玄祖辽东穆公窦岩、夏王窦建德的玄祖辽东宣王窦拓乃一母同胞,也因此证实了民间传说的夏王与太宗的甥舅关系。

《新唐书》很明确地记载了太穆皇后的祖上乃东汉大司空窦融一脉,从东汉末期至北魏太武年间近 300 年生活于乌兰察布、五原、辽东少数民族地区,先后创立多民族的没鹿回、纥豆陵部落,太武帝虽封窦氏为北魏朝廷皇亲贵族,但窦氏并没有成为鲜卑化的少数民族,相反是太穆皇后的曾祖窦略协助孝文帝,促成了中国历史上第一次大规模的汉化运动,因此而封为建昌孝公。

窦氏在少数民族地区八代为部落王爷,虽然用过少数民族的名字,这是为了团结少数民族,尊崇他们的民族习惯,并非成为鲜卑民族。一些所谓姓氏专著的书籍,称有鲜卑"纥豆陵氏"改为窦姓者,这纯属不符合历史,致使有些人说太穆皇后是胡人,把李世民叫混血儿。历史书籍称太穆皇后出自鲜卑贵族后裔,这只是北魏朝廷对窦氏的一个封赏,与窦氏的汉族血缘毫无关系。

历史上自秦汉到南北朝至隋唐曾有过多次的民族大融合,特别是五胡乱华,逐鹿于中原,能分清自己纯属汉姓一脉相传的姓氏,只有人口繁衍较少的姓氏,在长江以北几乎很少。

太穆皇后的童年,正是窦氏的兴盛时期,他的长兄窦照因为是武帝的外甥,被封为钜鹿郡公,出任蜀郡太守。窦照的儿子窦彦还长太穆皇后几岁,因为是窦毅与襄阳公主的长孙,特别受到宠爱。

太穆皇后的舅舅宇文邕是北周最有作为的一代帝王,在他登基初年,朝中一切权力掌握在皇上的堂兄宇文护的手中,官至大冢宰。有一回,宇文邕在渭河北面打猎,让窦炽和宇文护分别射奔跑的兔子,窦惠的五祖父窦炽这一天射中了 17 只,宇文护只射中了 11 只,宇文护因此感到耻辱,便与窦炽产生了隔阂。及至武帝即位,窦炽又以武帝年岁已长,劝说总揽朝政的宇文护把皇上的权力还给武帝,宇文护更加怨恨他,所以把他贬到宣州。

当时的周武帝,对专横跋扈的宇文护无可奈何,他只有默默地表示无条件盲从。武帝的生母是中国历史上有名的酗酒太后,经常酒醉不醒。在窦惠3岁那年三月的一天,宇文护从同州返回长安。武帝在文安殿见过之后,又准备带宇文护去拜见太后,并对他说:"太后年纪大啦,喜欢喝酒,虽然我多次劝她戒酒,

窦皇后塑像

她都不听。兄长今天去朝见她，希望能再劝劝。"说着，武帝从怀中拿出周公旦劝人不要酿酒和酗酒的名篇《酒诰》，交给宇文护，让他"以此谏太后"。

到含仁殿后，宇文护按照武帝的嘱咐，在太后面前念起《酒诰》。武帝趁其不备，在他身后抢起玉珽，对准其头部猛然一击，宇文护应声倒地。武帝随手拿起

御刀让宦官何泉杀掉宇文护。何泉何曾经历过这种场面？惊恐之余，砍了几下，也没伤着他。这时隐藏在殿内的宇文直一跃而出，手起刀落，宇文护立时身首异处，成了刀下之鬼。武帝又令长孙览等火速行动，把宇文护的儿子、兄弟及其亲信斩尽杀绝。

宇文邕在诛杀了宇文护亲自执政后，立即召窦炽回朝，升任太傅，累封万户；召窦毅入朝为大司马，加授上柱国，累封3 600户；让窦恭出任岐州刺史，调原扶风郡太守窦惠的大叔父窦翘出任安定太守。

对于舅舅宇文邕的故事，有些是窦惠听到的，有些是她看到的。周武帝勤于政事，关心百姓的疾苦。他生活俭朴，诸事希求超越古人，对宇文护及北齐所修过于华丽的宫殿一律拆毁，处事果

断明决，遣散宫女让她们回归故乡与家人团聚，抑制佛教的发展。曾有一位大胆的僧人问武帝说："佛是救世主，施恩布道，陛下取消佛教，不怕受罚吗？"周武帝说："只要百姓幸福，国家兴旺，我宁可受尽苦难。"这是何等的胸襟。

窦惠6岁那年，京畿西部的岐州、豳州大旱。窦恭奏请朝廷开仓放粮，时朝廷正准备粮草伐齐，窦恭在未等到皇上救灾诏书之前，就先以库存军粮赈济饥民，触犯军法，按律当处斩刑。岐、豳二州百姓，成群结队，入京请赦窦恭。武帝见窦恭深得百姓爱戴，封窦恭为雍州牧，拜为大将军，兼任长安府尹。同年，窦惠的二兄窦文殊入朝被授予散骑常侍，三兄窦招贤出任迁州刺史。

窦惠7岁那年，周武帝决定再伐北齐，在大德殿商议讨

窦皇后像

伐方略，窦炽当时已经年迈，仍激动地握住手腕，请求参加征战。武帝钦佩他的忠心，特以其长子窦恭为左二军总管，窦荣定、窦洪景、窦文殊、窦招贤、平陵窦敬远、窦璨等窦氏将领俱随其部，以宇文盛、宇文亮、杨坚为右二军。武帝亲率大军，行至晋州，驻于平阳南的汾曲。窦恭、段文振等将领数十人，乘夜登城，呼号而进，齐军败溃。窦惠的二兄长窦文殊在这次黑夜登城中率先上城，被守城齐军乱刀砍死。窦恭率军以险据守，阻击北齐援军。同

年十二月,武帝调集8万大军,在平阳城外列队20余里,窦恭等将领奋力攻击,齐军大败。翌年正月,窦恭随武帝进军至邺城,齐后主领百骑东遁。周武帝入邺城,窦恭追齐后主至青州南邓村,将齐后主等俘获。

北齐灭亡,武帝以功封窦恭为鄼国公,领雍州牧兼大将军,镇兵亳州;窦荣定加上开府、拜前将军、茨飞中大夫;封窦敬远西河郡公;授窦招贤使持节、仪同大将军;授窦洪景骠骑大将军;窦文殊亡于登城之战赠仪同三司;窦璨出任襄州长史。

武帝宇文邕连年征战,积劳成疾。宣政元年五月,因突厥骚扰边境,武帝亲自率军讨伐,在途中不幸病倒,在返回长安的当天晚上便离开了人世。武帝归西后,北周一天不如一天,终于在大象三年二月,杨坚篡位代周立隋。窦惠听隋文帝杨坚篡周后,慨然道:"我非男子,不能救舅家。"父亲窦毅慌忙捂住她的嘴,连连低声说道:"千万不要乱说,若让杨坚听到,会杀头的。"可是,窦惠却不以为然。

雀屏招亲

窦毅见她已渐渐长大,不仅相貌非凡,而且言谈举止非平常女子可比,窦毅便和襄阳长公主说:"咱们的女儿天生相貌非凡,一定有大福大贵,我们不能随便把她嫁给一般人家,一定要仔细择婿,与她相配才行。"

窦毅与襄阳长公主商议后,便让人在门屏上画两只孔雀,遇人求婚,先令试射,隐约中目,便将窦惠许配。当时,许多贵胄王孙早就听说窦毅有一个才貌双全的女儿。所以,听说窦毅有招婿之意,便纷纷前来角射。结果,这些贵胄王孙,张弓发矢,却不能射中，只能败兴离去。

李渊的父亲李昺在李渊7岁时就已去世，他承袭了唐国公，杨坚代周立隋后，李渊就到皇帝殿前任千牛备身，担任皇帝侍卫。一日，同僚们议论窦毅大将军府比武招亲，不由分说，就把他推推攘攘，拉到窦家门前。

窦氏一家见到李渊一表人才，不禁暗中欢喜，却又担心他不能射中孔雀眼睛，紧张地看着他施展本领。只见李渊不慌不忙，轻轻地拉开

李渊像

弓,搭上两支箭,稍一瞄准,将箭射出,两支箭各中一只孔雀眼睛。

顿时,在场的人齐声喝彩,窦毅一见,喜出望外,立刻答应了这门亲事。窦惠与李渊雀屏招亲的典故发生在开皇二年,当时的长安都城经西魏、北周王朝 40 余年的治理建设,已成为一个繁华的京师。

据传说,窦惠的婚礼特别热闹,因为平陵与长安本是窦氏故郡,长安市民中窦氏占有一定数量,再加窦照是西魏驸马,窦毅是北周驸马,窦荣定是隋驸马,谓之一门三朝驸马;又加上李渊是隋文帝独孤皇后的外甥,这是窦氏与李唐皇室的第一次姻亲。

此时在朝做官的窦氏除太穆皇后的亲族外,还有其他支系为官的窦氏。窦炽的小儿子窦威被内史令李德林荐举为秀异,射策甲科,拜秘书郎;窦毅的长孙窦彦入朝为驾部侍郎;窦荣定的长子窦抗因是杨坚的外甥,初入仕为千牛备身、仪同三司,成为皇帝的侍卫官,他和李渊的关系十分要好。

李渊对窦惠十分满意,所以婚后与窦惠相亲相爱。窦惠刚嫁到李家,恰逢李渊的母亲独孤氏有病。李渊的母亲与当朝皇后是亲姊妹,她性格怪异,脾气暴躁,李渊家人都十分害怕她,没人愿意侍奉她。窦惠自幼熟读《女诫》之类的书籍,受到家庭环境的影响,所以非常贤德。刚入夫家,便承担奉侍婆婆的琐碎之事。窦惠对婆婆尽心尽力,十分孝顺。为了陪伴病中婆婆,甚至整日不脱衣服和鞋子,几乎没睡过一个好觉,李渊一家为此非常感动。

窦惠与李渊情投意合,两人时常在一起读书写字,探讨文章。窦惠工于书法,她模仿李渊的字十分相似,一般人很难分辨。

窦惠嫁与李渊第八年,才为李渊生下第一个儿子,取名李建

窦皇后陵墓

成。开皇十八年十二月二十二日，又生下次子李世民。据说，李世民出生时，有两条龙在门外相戏三日才离去，人们见后十分惊奇，议论纷纷。有一道人在门前唱曰："西方黑，东方亮，江河后浪推前浪。自有因缘结善果，济世安民莫要忘。"

窦惠与李渊也感到此子非同一般，十分疼爱，遂起名世民。李世民自幼聪明敏捷、胆识过人，窦惠精心教导，督促其读书、写字，李渊也教李世民骑马射箭要领。所以，青少年时期的李世民就擅长骑射征战，具有文韬武略。

之后，窦惠又为李渊生下儿子李玄霸、李元吉和女儿李建瓴，也就是平阳公主。《剑桥中国史》称，从李渊夫妇对儿子的取名，就能看出其暗藏的寓意：建功成业（建成），济世安民（世民），玄亨利贞（玄霸），上上大吉（元吉）。

史上一代明后——长孙皇后

　　长孙皇后,小字观音婢,名不见载,隋右骁卫将军长孙晟之女。其8岁丧父,由舅父高士廉抚养,13岁嫁李世民,武德元年册封秦王妃。武德末年竭力争取李渊后宫对李世民的支持,玄武门之变当天亲自勉慰诸将士,之后拜太子妃。李世民即位13天即册封为皇后。在后位时,善于借古喻今,匡正李世民为政的失误,并保护忠正得力的大臣。先后为皇帝诞下三子四女。贞观十年崩逝,谥号文德皇后。咸亨五年,加谥号为文德圣皇后。

一代贤后

　　武德末年储位之争期间,长孙皇后与房玄龄"同心影助"李世民,并在玄武门之变当天亲自激励将士。李世民即位后,立为皇后。长孙氏是一位有趣的贤后,自称不涉朝政,但时常以古事设喻劝谏皇帝,更留下"朝服劝谏"以迂回策略保护大臣的美名;她不允许自己的同母兄无忌为宰执,却因不愿留下"恃宠"恶名而请求李世民赦免其参与谋反的异母兄安业;性情不好奢靡,却有以丹羽金叶制作的"歧头履"传世;史载"造次必循礼",却有活泼浪漫的《春游曲》流传。

　　长孙皇后是一位十分令人玩味的历史人物，这样一位具备一切成为祸国妖姬特质及条件的女子却选择了一条往往令今人曲解为压抑刻板的道路。也许结合今人所理解的相悖的两端，我们才能看清一位充满智慧、荣宠一生、优雅大气与妩媚活泼并存，且骄傲自负得可爱的贤后的真面目。

　　从史书记载来看，长孙皇后对妃嫔与宫人的态度是一视同仁的，没有区别对待，当她们生病时，皇后会把自己的珍贵药品赏赐给她们，因此妃嫔与宫人对她无不爱戴；豫章公主的生母难产而死，长孙皇后便将豫章公主抚养膝下；后宫中不论嫡出皇子还是庶出皇子，长孙皇后都一样教导他们，要勤俭节约，所以即便是太子李承乾想要添加东宫的器物，长孙皇后也没有答应，并严肃地说："身为太子该担心的是品德不够、名声不够，而不是担心东西不够用。"这样宽和仁慈的六宫之主的确是贤惠，但这并不是长孙皇后被后世之人赞誉为一代贤后的最重要的原因。

　　根据史书记载，长孙皇后少好读书，即便是梳妆打扮时也手不释卷，所以能够经常与唐太宗谈古论今，对丈夫的朝政大有裨益，也让

李世民像

宫廷中没有冤枉的刑罚。

长孙皇后不仅自己爱好读书，甚至很有可能经常与丈夫一起和乐融融的共执书卷秉烛夜谈。所以有一次唐太宗一匹心爱的骏马突然无病死了，唐太宗迁怒于养马的宫人，想要杀掉他，长孙皇后并没有直接为宫人求情，而是对丈夫谈起了两人曾经共同读过的一个故事："过去齐景公因为马死了要杀人，晏子就请求列举养马人的罪过，说：'你养的马死了，这是你的第一条罪；让国君因马死而杀人，老百姓知道了，必定埋怨我们的国君，这是你的第二条罪；诸侯听到这个消息，必定轻视我们的国家，这是你的第三条罪。'齐景公听后便赦免了养马人的罪。陛下曾经在读书时看到过这件事，难道忘了吗？"

唐太宗听了妻子的这番话自然会意，后来他又对房玄龄说："皇后在很多事情上都能启发、影响我，对我极有好处。"

不仅如此，长孙皇后还时常在唐太宗盛怒之时保护朝中的功臣不受责罚，一次唐太宗下朝回宫后，勃然大怒道："我以后要找机会一定杀了这个乡巴佬！"长孙皇后问是谁惹怒了陛下，唐太宗回答说："魏徵经常在朝堂上羞辱我。"

于是长孙皇后便立即退下，换上朝服站在庭院内向丈夫表示祝贺，唐太宗惊奇地问自己的妻子这是为什么。长孙皇后则笑着答道："我听说君主开明则臣下正直，如今魏徵正直敢言，是因为陛下的开明，我怎能不祝贺呢！"于是唐太宗便转怒为喜，而以谏臣著称的魏徵也免了一次祸患。

甚至长孙皇后病危与丈夫诀别时，仍不忘为因过错被遣回家的房玄龄求情："玄龄侍奉陛下时间最久，为人小心谨慎，颇有奇谋秘计，他知道的事情从无泄露，如果不是有大的过错，希望陛下不要放弃这么一位大臣。"

　　同时，长孙皇后也深知外戚与后宫干政于国于家无益，于是特地写了一篇文章，明确指出汉朝的明德马皇后并没有做到抑制外戚，长孙皇后则对于这点一直引以为鉴。所以当唐太宗每每向她询问朝廷中的赏罚之事时，长孙皇后则回答说："我一介妇人，怎么敢置喙国家大事呢？"

　　唐太宗坚持要听自己妻子的意见，但长孙皇后最终还是什么都没说。所以当唐太宗想要给自己的哥哥长孙无忌高官厚禄时，长孙皇后坚决请求唐太宗收回成命，并让自己的哥哥主动辞去要职。最终唐太宗只得解除长孙无忌尚书右仆射的官职，只给了他赵国公、开府仪同三司的闲散官爵，长孙皇后这才莞尔一笑。所以长孙皇后临终前仍要一再嘱托自己的丈夫："我的家人有幸结为皇室姻亲已经是很大的荣幸了，他们并非因为才德出众才坐上了如此高位，所以很容易遇到危险，想要长久无忧，请不要让他们担任任何要职，只以外戚的身份觐见，这才是长孙家族最大的幸事。"

长孙皇后朝服

　　得妻如此，夫复何求？所以在痛失如此良佐、如此佳偶后，唐太宗悲痛万分道："我不是不知道生死有命，如此悲伤无济于事，

历史的天空

中国历代贤后

但只要一想到从今以后回到宫中再也看不到皇后，再也听不到劝谏之言，我就无法忘怀啊！"

长孙皇后私下采择"古夫人善事"，撰成《女则要录》，简称《女则》。有些人认为《女则》的内容与《女诫》等倡导三从四德的书籍相同，事实则不然。根据《女则》并没有流传至今可以看出，这本书在宋朝之后已经失去了其本应有的价值，当然其价值是由宋朝以后社会和君主对女子的道德标准和行为准则来衡量的。可能有些人认为《女则》的失传是因为年代较久，可是比《女则》更早的东汉班昭写的《女诫》则流传下来了。

子以母贵

唐太宗李世民最宠爱的儿女皆为长孙皇后所出或收养。即便触摸着最冰冷客观的史书，那一腔对妻子的切切之情演化而来的拳拳父爱，仍然充斥着撞击千年后读者心灵的最强力度。

贞观五年，太宗长子承乾患病，并非虔诚宗教信徒的太宗修筑了普光庙与西华观，又召度了千人出家，狱中的囚徒也得以减罪，以此为承乾祈福。贞观七年，承乾患病，太宗下诏请印度高僧波颇入宫为其祈福治病。因承乾多病，太宗不忍其多读书，只要求跟孔颖达评论古事。

一次，太宗令其试写治国策略。承乾很快写了三页纸，内容很有价值，于是太宗很得意地向侍臣们炫耀儿子的能力。承乾的长子出生，太宗甚为高兴，诏令天下见禁囚徒都降罪一等，内外官职事五品以上子为父后者，各加勋官一转，天下大酺五日，又大宴五品以上于东宫。贞观十三年，在东宫设太子学馆——崇文馆。太宗毫不忌讳承乾有可能借此培植威胁皇帝地位的私人势力。贞观十五年十二月十三日，为巩固承乾的太子位，诏令三品以上官员嫡子皆事东宫，以保证重臣对太子的鼎力支持。贞观十六年，太宗诏令皇太子出用库物不设上限。承乾上表推辞，太宗以"冢嫡""有殊"的理由驳回了承乾的辞谢。

承乾谋反，按罪当死，在从犯均被赐死的情况下，太宗却不愿杀身为主谋的承乾，群臣没人敢说按律赐死之类的话。最后通事舍人来济进言说"陛下不失为慈父，太子得尽天年，则善矣"，这才合了太宗的心意，来济也因此得到看重。

尽管承乾谋反被废，但唐太宗仍然为他将来的安危考虑，在立新太子时，以"泰立，承乾、晋王皆不存；晋王立，泰共承乾可无恙也"为由，立年幼却性格温和的李治为太子，目的就是要能够同时保住承乾、李泰、李治这三个心爱的儿子。承乾死后，太宗专门为他罢朝。

史书明确记载："越王，长孙皇后所生，太子介弟，聪敏绝伦，太宗特所宠异。"贞观二年，李泰受封为扬州大都督兼越州都督，督常、海、润、楚、舒、庐、濠、寿、歙、苏、杭、宣、东睦、南和等16州军事扬州刺史，又督越、婺、泉、建、台、括6州，封地多达22州！

李泰除都督的头衔外，还是雍州牧及左武侯大将军。因李泰喜爱文学，太宗特令在魏王府置文学馆，任他引召学士。皇子成年后依例要去封地，可李泰并不"之国"。李泰体形偏胖，唐太宗特许其乘小轿上朝。

太宗外出度假，经常把李泰带在身边。贞观十四年，唐太宗到李泰在延康坊的府邸，特大赦雍州及长安死罪以下的罪犯，免去延康坊百姓一年的租赋，还赏赐了魏王府的官员及同住一坊的老人。

李泰为母亲造的佛像之一

　　李泰宠冠诸王,盛修府邸,岑文本认为不可助长这种风气,由此进谏。太宗虽奖励了文本,但对李泰未采取任何限制性措施。唐太宗将大名鼎鼎的芙蓉园赐予李泰。唐太宗又赐李泰占地广阔的洛阳大宅及都城之胜魏王池。魏王池风景优美,池与堤也因李泰为魏王而得名。

　　李泰有时去东都父亲送的大宅里小住,太宗常让一只名叫"将军"的白鹘从京城到东都给儿子送信,并取回信,一天要往返好几次。李泰耗费奢靡,每月的开销超过了太子,褚遂良为此进谏。但唐太宗并没因此限制李泰的开支,反而下旨太子以后花费不再受额度的限制。王珪为李泰的老师，每次李泰见他都以见师之礼率先拜见。

魏王池

一次，李泰还主动向王珪请教忠孝之道。见儿子如此崇师问道，唐太宗备感欣悦。太宗曾计划让李泰搬进皇宫的武德殿来居住。魏徵谏止。听闻大臣对李泰不够恭敬，太宗大为震怒，召来大臣质问。房玄龄等吓得不敢说话，只有魏徵敢于直谏。最后太宗承认自己是因私爱而忘公。李泰长子李欣也备受太宗宠爱，4岁时由祖父当成儿子一样养于宫中并赐名。

李泰出事后，太宗在贬斥他的诏书里仍说他是"朕之爱子，实所钟心。幼而聪令，颇好文学。恩遇极于崇重，爵位逾于宠章"，痛惜之情溢于言表。立储风波后李泰虽被贬，但太宗仍对其念念不忘，拿着他所上的奏章向大臣叙说思子之情："泰文辞美丽，岂非才士。我心中念泰，卿等所知。"贞观二十二年，又进封李泰为濮王。

再说下李治。李治出生时，父母赐"温润精巧，非人间所有"的国宝玉龙子给出生3天的李治。后此玉龙子在唐代帝帝相传。刚会走路的李治就能画出个敕字，想必唐太宗批阅奏折时经常

历史的天空

中国历代贤后

抱着他,甚至兴致大发教过他这个字,所以李治对"敕"字印象深刻,才会不自觉地画出它。

唐太宗考李治《孝经》,他对答如流,唐太宗万分高兴。因为母亲去世后无比伤心,唐太宗怜惜不已,"屡加慰抚,由是特深宠异"。长孙皇后去世后,由太宗亲自抚养长大,这在中国历史上是极其罕见的。由此亦可想见太宗对妻子用情之深。李治为亲王时除都督的头衔外,还是右武侯大将军。与胞兄李泰一样,到了年龄太宗却不让其之官。

太宗出去度假,常把晋王李治带在身边,曾引起敌人的关注。立为太子后,仍随太宗出行游玩。太子少詹事张行成认为皇帝出于私爱未能让太子在这些时间留在宫中代理朝政、履行相应职责。依照礼制,太子必须居住在东宫。

太宗公然违反,导致褚遂良、刘洎分别在贞观十八年、二十年相继进谏,恳请皇帝不要留太子在身边一味溺爱,放其回东宫。按制度,皇孙都封为郡王,但由于太宗过于宠爱李治,直接把他的庶长子李忠封为亲王。

唐太宗出征高句丽时,李治镇守定州监国,父子二人为了能及时了解对方的点滴情况,首创飞表奏事制度。太宗征高句丽时,写给李治一封"肉麻"私信。信中述说太宗因为没能及时收到他的来信而"忆奴欲死",直到收到他的亲笔信才"死而复生"。

在信中太宗要求儿子以后有什么小病小痛都要写信告诉他,同时表达了他"忆奴欲死"的思念之情。舐犊深情跃然纸上,展现了这位伟大帝王细腻的一面。

唐后期影响最大的贤后——郭氏

懿安郭皇后,驸马郭暧和升平公主之女,名郭念云,汾阳王郭子仪孙女。唐宪宗为广陵王时,聘为王妃。郭氏生唐穆宗李恒和岐阳公主。

从妃到后

郭氏为唐朝名将郭子仪孙女、郭暧与升平公主之女,也是唐代宗的外孙女,唐德宗的外甥女、唐顺宗的表妹。郭氏因家世显赫,故被唐德宗皇太子李诵(唐顺宗)选为长子广郡王李纯的王妃。两人成婚的具体时间已不可考,仅知在 788 年后。举行婚礼时,广陵王李纯亲临主家,纳迎如礼。又因生母身份高贵,再加上父、祖皆有功于皇室,因此郭氏本身也颇得顺宗异宠。

永贞元年,李纯即位,是为宪宗,元和元年郭氏以太子妃身份却只被册为贵妃,而非皇后,但为实际上的后宫之首。她的儿子亦没有获封为太子。元和四年,宪宗的庶长子邓王李宁被册为太子。六年,太子李宁逝世。元和七年十月,李宥被立为皇太子,改名恒。元和八年十二月,百官群奏宪宗册郭贵妃为皇后,但宪宗以郭贵妃出身显族,恐郭贵妃成为皇后,将不容许宪宗有后宫之宠,因而婉拒百官之请。

太后时期

宪宗在位 15 年后暴崩,其子继位,是为穆宗。穆宗即位后,郭贵妃母凭子贵升为皇太后,又对郭太后亲族有一番封赠。郭太后居于兴庆宫内,穆宗每月朔望定期朝见,还曾随侍郭太后游幸骊山,对郭太后相当孝顺。穆宗在位 4 年,因服用丹药驾崩。

穆宗崩后,宫中盛传郭太后将效法武则天临朝称制,郭太后大怒,说:"效法武氏?今太子虽幼,尚可选重德之人为辅臣,与我又何干?"于是穆宗长子即位,是为唐敬宗。

敬宗即位后,尊生母王氏为皇太后、祖母郭太后为太皇太后。宝历三年,敬宗被宦官所杀,内外震惊,宦官又拥立绛王李悟为监国,不久,又加害李悟。于是,郭太皇太后下诏,迎敬宗之弟即位,是为唐文宗。因文宗尊生母萧氏为皇太后,加上郭太皇太后与敬宗

穆宗像

母王太后，宫中共有三位太后，称"三宫太后"。

郭氏为宪宗贵妃、穆宗母，又是敬宗、文宗的祖母，即使敬、文两帝各自尊生母为皇太后，郭氏也一直受到诸帝至诚的尊养，在三宫太后中也以郭太皇太后为最尊。后来，文宗驾崩，其弟武宗即位，而宫中为分辨三宫太后，因此称敬宗母王氏为义安太后，文宗母为积庆太后，郭氏仍称太皇太后，且三宫太后仍继续受到武宗孝养。

武宗喜游乐，又让五坊小儿自由出入宫禁，一天，武宗朝见郭太皇太后时，向她问曰："如何成为盛世天子？"郭太皇太后对曰："勤于政事，听取百官意见，不拒谏言、不纳谗言，如此能为盛世天子。"于是，武宗渐渐专心为政，疏远五坊小儿与游乐，使唐朝国势稍有起色。

武宗同父亲穆宗，因相信长生不老之术而服食丹药，最后中毒而死。武宗崩后，宪宗十三子光王李忱被拥立为皇太叔，于武宗梓宫前即位，是为唐宣宗。其兄穆宗乃郭氏为太子正妃时与太子李纯所生，故为嫡出。

穆宗三子：敬宗李湛、文宗李昂、武宗李炎，也各有子嗣，据宗法本可继承大统。然而却因宣宗得到宦官势力拥戴，以庶夺嫡，登其大宝。郭太后亲支皇嗣子孙亦从此丧失入承大统的机会，更被迫与当年曾侍候自己的宫女（宣宗生母郑氏）平起平坐，难免对宣宗母子心存芥蒂。因此，宣宗相较于先前诸帝，对郭太皇太后的孝养较为疏薄，也引起她的不悦。

大中二年五月，郭太皇太后登勤政楼，因对宣宗的礼薄有不满，竟欲跳楼自尽，幸被侍从阻止。宣宗听闻郭太皇太后跳楼一事非常愤怒，当晚，郭太皇太后在兴庆宫崩逝，谥号懿安皇后。郭太皇太后死后,因与宣宗生母郑太后之间有旧怨,宣宗欲将之葬于景陵外园,且不祔宪宗庙,虽有太常官王暤力谏,认为郭氏历经七朝,五朝皆为皇室母仪代表,应当配飨宪宗,却被宣宗所拒。

多年之后,宣宗驾崩,子唐懿宗即位,王暤再度请命,懿安皇后郭氏这才配享宪宗。

郭皇后像

"五代第一贤妃"——张惠

张惠,后梁太祖朱全忠嫡妻,单州砀山人,单州豪富之女。

朱温的霸业之所以能够成功,主要得益于两个人,一个是他的军师敬翔,另一个就是他的妻子张惠。虽然史书上对张惠的记载并不多,但从字里行间可以看出,张惠对朱温所起的作用是很大的。张惠和朱温是同乡,都是砀山人,张惠家住在渠亭里。她家在当地是有名的富裕之户,父亲还做过宋州的刺史。张惠生于富裕之家,既有教养,又懂得军事与政治谋略,可见从小父亲对她的教导也是很多的。

温柔宽容

张惠既有温柔的一面,又有英武的一面,体贴照顾朱温的同时常有让朱温钦佩的计谋。在这位刚柔相济、贤惠机智的妻子面

朱温像

前,朱温的狡诈反而显得粗浅,暴躁的朱温也收敛了许多。不但内事做主,外事包括作战也常让朱温心服口服。凡遇大事不能决断时就向妻子询问,而张惠所分析预料的又常常切中要害,让朱温茅塞顿开。因此,朱温对张惠愈加敬畏钦佩。

有时候朱温已率兵出征,中途却被张惠派的使者赶上,说是奉张夫人之命,战局不利,请他速领兵回营,这位就立即下令收兵返回。朱温本性狡诈多疑,加上战争环境恶劣,诸侯之间你死我活的争夺,更使朱温妄加猜疑部下,而且动不动就处死将士。这必然影响到内部的团结和战斗力,张惠对此也很明了,就尽最大努力来约束朱温的行为,使朱温集团内部尽可能少地内耗,一致对外。

朱温的长子朱友裕奉命攻打朱瑾,但没有追击俘获朱瑾,回来后朱温非常恼怒,怀疑他私通朱瑾,意欲谋反,吓得朱友裕逃入深山躲了起来。张惠为让父子和好,就私下派人将他接了回来,向父亲请罪。

朱温盛怒之下命人绑出去斩首。这时,张惠光着双脚

朱温塑像

从内室匆匆跑出来，拉住朱友裕的胳膊对朱温哭诉道："他回来向你请罪，这不是表明他没有谋反吗？为何还要杀他？"朱温看着妻子和儿子，心软了下来，最终赦免了儿子。

一波暂平，一波又起。朱瑾战败逃走之后，他的妻子却被朱温得到，张惠见朱温动了邪念，便让人把朱瑾的妻子请来。朱瑾妻赶忙向张惠跪拜行礼，张惠回礼后，对她推心置腹地说："我们本来是同姓，理应和睦共处。他们兄弟之间为一点小事而兵戎相见，致使姐姐落到这等地步，如果有朝一日汴州失守，那我也会和你今天一样了。"说完，眼泪流了下来。朱温在一旁内心也受到触动，想想自己也愧对朱瑾。当初如果没有朱瑾的援兵相助，他也不会大败秦宗权，在河南站稳脚跟。

这次开战也是自己用了敬翔的计谋，妄加指责朱瑾诱降自己的将士才出兵的。此时已占领朱瑾领地，目的已经达到，何必再强占他的妻子呢。况且妻子已经知道内情，不如顺水推舟做个人情。最后，朱温将朱瑾的妻子送到寺庙里做了尼姑，但张惠却始终没有忘记这个有些不幸的女人，常让人去送些衣物食品，或许也算为朱温弥补一点过失。

朱温塑像

112

"戒杀远色"

张惠和朱温共同

朱温祠堂

生活了二十余年，在朱温灭唐建后梁前夕却染病去世。朱温得到张惠病重的消息，急忙赶了回来。临终前，张惠还对朱温劝道："既然你有这种建霸业的大志，我也没法阻止你了。但是上台容易下台难，你还是应该三思而后行。如果真能登基实现大志，我最后还有一言，请你记下。"

朱温忙说："有什么尽管说，我一定听从。"张惠缓缓说道："你英武超群，别的事我都放心，但有时冤杀部下、贪恋酒色让人时常担心。所以'戒杀远色'这四个字，千万要记住！如果你答应，那我也就放心去了。"

张惠死后，不仅朱温难过流泪，就连众多将士也是悲伤不已。由于朱温多疑，常滥杀属下，杀人时没有人敢出来求情，只有张惠得知后时常来解救，几句温柔在理的话就使朱温暴怒平息，因此许多被救的将士都对张惠感激不尽，其他将士对张惠这种爱护将士之情也充满了敬仰。

张惠为人和善，对朱温的两个妾也是如此，没有丝毫嫉妒，更不用说加害她们了。

朱温因为张惠的贤惠，也没有像其他人那样娶三妻四妾。但是，张惠死后，朱温却放纵声色，忘了妻子临死时的忠言，后竟然和儿媳私通，终于不听忠言，惨死亲子刀下，遭了报应。

朱温塑像

张惠为朱温生有一子，即梁末帝朱友贞，朱温被唐朝封为魏王时，张惠也被封为魏国夫人。

朱温称帝后，一直没有立皇后，大概是怀念这位贤惠而又有智谋的妻子吧。等到梁末帝即位时，才将母亲追加谥号为"元贞皇后"和"元贞皇太后"。

宋哲宗第一位皇后——孟氏

元祐皇后,宋朝人,孟姓,故又常被称为元祐孟皇后,洺州人,是宋哲宗的第一位皇后。其二度被废又二度复位,并两次于国势危急之下被迫垂帘听政,经历之离奇,实为罕见。

屡次被废

孟氏被废,实际上是党争的结果,孟氏不过是政治的牺牲品。令人称奇的是,宋哲宗死后,宋徽宗即位,孟氏再次被迎回宫中,复皇后位,为了区别宋哲宗的第二任皇后刘氏,称元祐皇后。但不久后,孟氏又被宋徽宗赶出皇宫,相当于第二次被废除皇后位,结果反而因祸得福,为她个人带来绝大的好处。这一切,都要从宋哲宗的后宫谈起。

高太皇太后在生活上对宋哲宗的管教一直很严格。为防止宋哲宗耽于女色,高太皇太后派了二十个年长的宫

孟氏像

嫔照顾他的起居，又常令宋哲宗晚上在自己榻前阁楼中就寝。这就相当于限制了小皇帝自由活动的空间。

宋哲宗当时年纪还小，后宫也一直平静无事。但到了元祐四年十二月，民间却有流言，说宫中派人出来寻找乳母。此时宋哲宗才十四岁，后宫竟然寻找乳母，人们难免会想到这是皇帝沉溺声色的结果。本来，这些都是民间的流言蜚语，也传不到后宫深处。即使是真的，那也是皇帝的家事。

大臣刘安世却偏偏要多管闲事，上了一封语气很不客气的奏章，告诫宋哲宗要自重。而另一大臣范祖禹则直接上疏高太皇太后，言辞更加激烈。对此，高太皇太后解释说：是宋神宗遗留下的几个小公主年幼，需要乳母照顾。对外的话是这样说，但高太皇太后其实也不明所以，她派人私下将宋哲宗身边的

元祐党碑文

元祐通宝

宫女一一叫去审问。宋哲宗开始还不知道,后来发现身边的宫女们个个红肿着眼,脸色惨白,样子十分可怕。打听之下,才知道是因为刘安世、范祖禹上奏的结果。他既感到愤怒,也感到恐惧,因为自己的一举一动都在高太皇太后的监视之中。

经历了此事后,宋哲宗明显感觉到后宫令人窒息的气氛,他的逆反心理也开始蠢蠢欲动。

元祐七年,宋哲宗十七岁时,孟氏被立为皇后。孟氏为眉州防御使马军都虞侯孟元的孙女,小宋哲宗一岁,自小就被高太皇太后选入后宫,教以女仪,因贤淑温婉而为高太皇太后所喜爱。从这个时候开始,皇帝才算有了正式的妻子。本来这是件好事,但却由此又引发了高太皇太后和宋哲宗之间的矛盾。

皇帝大婚非同小可,钦天监选定的日期是五月十六。这是因为宋朝皇室普遍迷信道教,而道家以五月十六为"天地合日"。但是在民间这一日却有禁忌,夫妻应该分床,如有违背,将有性命之忧。宋哲宗生母朱太妃担心儿子,出于宁可信其有不可信其无的心理,提出要更改大婚日期。宋哲宗自己也偏向母亲一边。但高太皇太后却坚决不同意,认为禁忌一说纯属无稽之谈,坚持以五月十六为大婚日期。

　　尽管大婚典礼隆重非凡，但宋哲宗一直笼罩在祖母的阴影下，被逼迫在禁忌日成婚，心中难免愤愤不平。如此来看，他对高太后所选的孟皇后不可能有特别的好感。高太皇太后有能力将自己喜欢的女子选给孙子做皇后，但孙子喜欢宠爱后宫哪个女子，高太后就鞭长莫及了。宋哲宗喜欢明艳照人的刘婕妤，刘婕妤宠冠后宫，也开始恃宠而骄。高太皇太后在世时，她尚有所收敛，高太皇太后去世后，她与孟皇后的冲突日益显露。

　　有一次，孟皇后带领后宫嫔妃到景灵宫朝拜历朝帝后画像。礼毕后，孟皇后就座休息，其他嫔妃都在一边侍立。只有刘婕妤独自一人站在帘子下，背对孟皇后。这显然是公开藐视孟皇后。孟皇后身边有个侍女叫陈迎儿，忍不住上前呵斥刘婕妤。刘婕妤置之不理，孟皇后身边的宫人无不愤怒有加。但宋哲宗宠幸刘婕妤，孟皇后也没有办法。

　　冬至那天，嫔妃照例要到隆祐宫谒见向太后。当时向太后还没有起来，众嫔妃就坐在殿右等候。按照规定，只有皇后才能坐朱漆金饰的椅子。刘婕妤看到孟皇后坐下，就一个人站在一旁，不愿坐普通的椅子。刘婕妤身边的宦官郝随知道刘婕妤心中所想，于是替她换了把朱漆金饰的椅子，与孟皇后的一样，刘婕妤这才满意。不料已经惹怒了孟皇后身边的侍女，决定要整治刘婕妤一下。

　　刘婕妤刚刚坐下，突然有一人传呼："皇太后驾到！"皇太后到来，众人都要起立迎接，刘婕妤也站了起来。不料等了片刻，并不见向太后身影，于是嫔妃们又各自坐下。刘婕妤刚要坐下时，孟皇后的侍女将椅子搬走，她一下坐了个空，仰天跌在地上。原

来刚才是故意有人谎报向太后到来，目的就是为了诱骗刘婕妤起身。

刘婕妤受了这番捉弄后，惊忿交集，也顾不上拜见向太后，跑去向宋哲宗哭诉。宋哲宗虽然不喜欢孟皇后，但孟皇后一向循谨，他也没有相信刘婕妤的搬弄是非，只是安慰了一番刘婕妤了事。刘婕妤无可奈何，只能哭泣来发泄气愤。宦官郝随劝慰说："婕妤不必生气，若能早为官家生子，此皇后位正当为婕妤所有。"

郝随不过是一个宦官，竟然敢在孟皇后还在世的情况下说这样的话，显然背后有不寻常的力量在支持，这力量就是宰相章惇。之后，宰相章惇就通过郝随与刘婕妤搭上了关系。刘婕妤之所以与章惇勾结起来，只是因为她想当皇后，她需要有人帮助她拔掉孟皇后这颗眼中钉。而章惇则想利用最得宠的刘婕妤探听宋哲宗的秘密，而刚好孟皇后也是他的目标。

章惇想废除孟皇后，并非他与孟皇后有仇，而是因为孟皇后为高太皇太后所立。当时朝中的保守派已经死的死、贬的贬，

郝随像

章惇已经能够为所欲为，就将打击的目标指向了后宫。因为孟皇后端庄娴雅、性情和淑，很得向太后喜爱，加上宋哲宗一向尊重孟皇后，所以还得寻找有利时机，但机会很快就来了。

孟皇后无子，只有一个女儿福庆公主。那日福庆公主突然染病，孟皇后的姐姐懂得医

术，曾经治好孟皇后的病，因而皇后的姐姐经常出入宫中，亲自侍奉孟皇后。她听说消息后，特地入宫医治小公

章惇墓

主。因药物无效，孟皇后的姐姐便将民间道家治病的符水带来替公主治病。宫中最忌讳符水一类的物事，孟皇后一见，大惊失色，连忙禁止，说："姐姐莫非不知宫中禁令，与外间不同吗？倘被奸人无端拨弄，这祸事就不小了！"赶紧将符封存了起来。等宋哲宗到来时，孟皇后才将符取出，如实说明了事情的原委。宋哲宗倒也没有怪罪，只说："这也是人之常情。"

　　此事过后不久，宫中有谣言流传，说孟皇后与娘家人勾结在一起，在宫中大搞符咒厌魅。孟皇后大为紧张，忧心忡忡，日夜难安。她的养母燕氏、女尼法端、供奉官王坚出于好意，便为孟皇后和夭折不久的福庆公主祈福，不料刚好落人口实。宋哲宗听说后也开始怀疑起来，诏令内侍宦官梁从政等人在皇城司审理此案。在宰相章惇和刘婕好的支持下，皇城司逮捕了孟皇后左右侍女宦官三十多人。这些人都被拷打，直至体无完肤。在酷刑威逼下，孟皇后的"罪行"被供认了出来。

　　因为皇城司没有司法权，宋哲宗又派侍御史董敦逸前去复

审。董敦逸到场一看,所谓的"罪人们"都已经没有人形,且气息奄奄,无一人能出声。董敦逸感觉无从录起,有些迟疑。郝随生怕他翻案,立即加以威胁。董敦逸胆小畏祸,只得将皇城司所取得的口供抄了一遍,稀里糊涂地了结了此案。

孟皇后既然"有罪",就不能再母仪天下。但宋哲宗顾念发妻之情,一时下不了废后的决心。这时候,有人翻出了当年五月十六"天地合日"的老账,说孟皇后不废,皇帝将有生命之忧。于是,宋哲宗以孟皇后"旁惑邪言,阴挟媚道"为由,下诏废去孟氏皇后位,孟氏出居瑶华宫,号华阳教主、玉清妙静仙师,法名冲真。此时,孟氏还不到二十岁。

废后的诏书下达的那一天,天气阴翳异常。侍御史董敦逸心中有愧,认为这是天降异兆,于是上奏说:"中宫之废,事有所因,

孟皇后像

情有可察。诏下之日，天为之阴翳，是天不欲废后也；人为之流涕，是人不欲废后也。愿陛下暂收成命，更命良吏复核此狱，然后定谳。如有冤情，宁遣臣以明枉，毋诬后而贻讥。"又说："臣覆录狱事，恐得罪天下后世。"

宋哲宗看了奏章后大怒，对群臣道："董敦逸反复无常，不可在言路。"打算贬斥董敦逸。枢密使曾布说："陛下本以狱案是近臣推治不足准信，故命敦逸录问，而今大案始定，就贬录问官，何以取信中外？"意思是说，正因为皇城司没有司法权，所以才派董敦逸去复审，如果就此贬斥复审的官员，就无法取信天下了。宋哲宗这才放过了董敦逸。

孟皇后被废后，身边的人也受到了相应处罚，养母燕氏、女尼法端、供奉官王坚三人都被处斩，孟皇后心腹侍女陈迎儿被杖责后驱逐。但孟皇后无辜被构陷，却在民间引起了广泛的同情。

《鸡肋集》中记载了一则故事：孟皇后所居住的瑶华宫是所道观，在开封西北，刚好位于金水河边。这里地处繁华，小商小贩很多，十分热闹。当时京师卖熟食的小贩，都要在吆喝上下工夫，"必为诡异标表语言"，这样才能引人注意，生意才能兴隆。唯独有个卖馓子的汉子，每天都到瑶华宫前，放下担子，既不吆喝他卖什么，也不说馓子好吃，只是长叹一声："亏便亏我也！"意思是，吃亏就让我吃亏吧。这话在别的地方都没事，在瑶华宫门口"太息大言"，便让人感觉是明目张胆地在为孟皇后被废叫屈。

开封府听说后，派人抓捕卖馓人，打了他一百大棍，警告他不准再那样吆喝。于是，卖馓人改吆喝为："待我放下歇则个！"他竟然就此成了名人，生意兴隆无比。

章惇达到废除孟皇后的目的后，趁此机会向宋哲宗进言，说

历史的天空

中国历代贤后

高太皇太后执政时曾有过废掉宋哲宗而另立皇帝的想法,因为当时,刘安世和范祖禹曾上书高太皇太后说小皇帝过早接近女色。刘安世和范祖禹二人遂因"构造诬谤罪"被贬逐。

章惇还不罢休,为了证实高太皇太后曾有想废掉宋哲宗的念头,他将当年高太皇太后身边的宦官张士良抓了起来,交给蔡京审问。蔡京将各种各样阴森恐怖的刑具摆在张士良面前,逼迫他诬蔑高太皇太后。张士良大哭说:"太皇太后可诬,天地神祇不可欺。"然后请求一死。蔡京无可奈何。章惇索性一不做二不休,亲自拟了一道诏书,连夜送进宫中,请宋哲宗同意颁发。

这道诏书

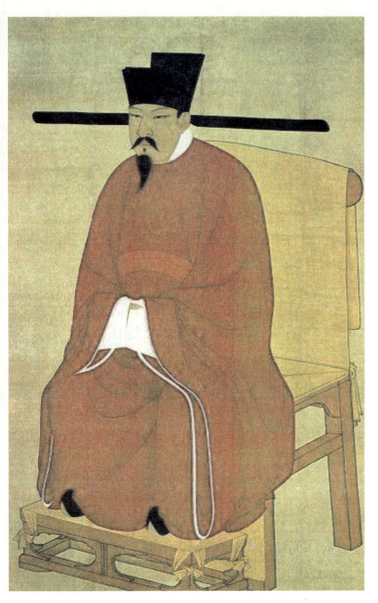

宋哲宗像

的内容竟然是要宋哲宗追废他的祖母高太皇太后为庶人。向太后当时已经睡下，得知消息后，立即赶到宋哲宗那里，严厉地干预此事。宋哲宗一时无奈，将诏书放在烛火上烧毁。郝随将宫中情形连夜告诉了章惇。

第二天上朝，章惇和蔡卞又提及追废高太皇太后一事。宋哲宗十分不快，厉声呵斥："卿等如此作为，是不想让朕死后见英宗皇帝吗？"章惇这才不敢再提废高太皇太后之事。

事过不久，宋哲宗也逐渐醒悟孟皇后"符咒厌魅"一事，常独自长叹："章惇坏我名节！"正因为宋哲宗对废后一事颇为后悔，所以孟皇后被废后，刘婕妤只是被晋封贤妃。刘妃为此十分着急，派宦官郝随动员宰相章惇，内外一起相求，但宋哲宗仍然没有立后的意思。直到刘妃在元符二年生子，这是宋哲宗的第一个儿子，也是他盼望了许多年的期望，喜不自胜，终于同意立刘妃为皇后。

刘妃立后一事，朝中尚有反对意见。右正言邹浩谏阻说："立后以配天子，怎么可以不慎重？仁宗时郭后与尚美人争宠，仁宗既废后，并斥美人，所以公平，可为天下后世效法。陛下废孟后，与郭后无以异，天下孰不疑立贤妃为后，凡皇后须德冠后宫，不能从妃嫔中晋升，应自贤族中选择；况且刘贤妃有废后之嫌，更不宜立为皇后。"宋哲宗大怒，将邹浩削职除名，贬去新州。立后一事因此而定。

刘氏终于做了皇后，一时间扬眉吐气。但好日子并不长久，她的儿子赵茂才两个月便不幸夭折。刘后悲不自胜，宋哲宗也备受打击，卧床不起，一年后驾崩，年仅二十五岁。

宋哲宗的一生，是不快乐的。他在祖母高太皇太后的阴影下

长大，亲政后始终没从青春期的叛逆中走出来，凡是高太皇太后推崇的,他就反对。高太皇太后以母改子,废宋神宗新法,信用保守派，他就恢复父亲推行的新法，大力起用变法派。但在他的内心深处，他未必就是快乐的，否则不会年纪轻轻就忧郁成疾，以至于青年而逝。宋哲宗之死还远远不止皇帝驾崩如此简单，他的死还直接导致了北宋江山的断送。

宋哲宗陵

　　因宋哲宗无子,向太后召集执政大臣,哭着说:"国家不幸,哲宗皇帝无子,天下事须早定。"新皇帝只能在宋哲宗的兄弟中选。宋神宗共有十四子，当时在世的还有五人。按照嫡庶礼法，宋哲宗的同母弟简王赵似是理所当然的人选。不料向太后坚决反对,很不高兴,不承认宋哲宗母亲朱氏的太后地位,由此可见这位没有儿子的向太后对宋哲宗并无好感。

章惇又说:"如此,则以长幼为序,当立年长的申王赵佖为帝。"向太后再次反对说;"申王体弱多病,恐不当立。"章惇还要再说,知枢密院事曾布知道向太后其实早有主意,于是大声呵斥道:"章惇,听太后处分!"章惇只好不再发表意见。向太后提出立宋神宗第十一子端王赵佶。章惇当即表示反对,说:"端王轻佻,不可以君天下。"圆滑的曾布立即附和向太后说:"章惇未尝与臣商议,如皇太后圣谕极当。"尚书左丞蔡卞、中书门下侍郎许将也表示赞同向太后的提议。章惇势单力薄,只得不再争辩。于是,赵佶即位为帝,是为宋徽宗。

如果宋哲宗不死,皇位无论如何不会传入赵佶之手。众所周知,北宋实际亡于宋徽宗之手。这个历史上著名的昏君,就是在这样的机缘巧合下被推上了历史舞台。向太后不选简王赵似是可以理解的,她在政治上属于保守一派,反对新法,对宋哲宗搞的那套"绍圣绍述"很不以为然,她不喜欢宋哲宗,自然也不希望看到宋哲宗的亲弟弟当上皇帝。但为什么向太后一定要选立赵佶而并非他人,并无史料可考。推断起来,应该是个人情感的因素使然。只是,这一妇人的情感因素,直接导致了北宋的灭亡。

宋徽宗即位之初,对向太后感恩戴德,请向太后垂帘听政。那位当了女道士的宋哲宗废后孟氏,则因为向太后一直很喜欢她,再次时来运转。在向太后的主持下,被宋哲宗废掉的孟皇后重新复立为元祐皇后,且位居刘后之上。

垂帘听政

孟皇后回到皇宫居住后,发现已经物是人非,不由得十分感

宋徽宗像

慨。她与宋徽宗皇后王氏关系极好，引为闺中知己。只是，孟氏这个二度皇后当得并不长久。元符三年七月初一，向太后下诏罢同听政。

半年后，向太后病逝，宋徽宗正式亲理朝政。宋徽宗重用的蔡京等人勾结元符皇后刘氏，致使孟氏再度被废，加赐号"希微元通知和妙静仙师"，重居瑶华宫。据说，孟氏离开皇宫时，宋徽宗皇后王氏深感过意不去，孟氏却笑着说："总算又可以离开这是非之地了。"如此胸襟，自非元符皇后刘氏所能相比。甚至连宋徽宗与王皇后谈论孟氏时，也忍不住感慨地说："元祐皇后实在是可敬的。"

元符皇后刘氏如愿以偿地赶走孟氏后，又妄图干预政事，且行为不谨，由此引起宋徽宗的不满，于是与辅臣计议，打算废掉元符皇后刘氏。刘后的心腹宦官郝随听说后十分恐惧，因为历来废后都要连带追究皇后身边的人。实际上，刘后干政，确实是受了郝随的怂恿。为了保全自己，郝随只好牺牲刘后，对其百般辱骂，逼迫她用帘钩刺喉自杀。刘后死时年仅三十五岁。

孟氏重回瑶华宫后不久，瑶华宫失火，她不得不移居延宁宫，延宁宫不久又毁于火。而朝廷也不给安排新的道观居住，因

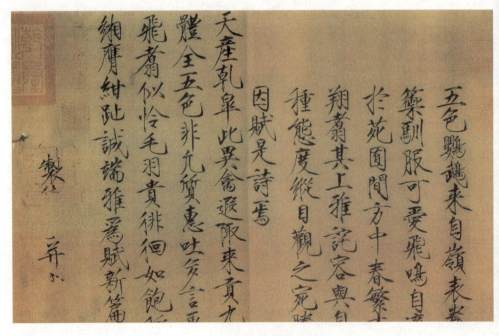

宋徽宗书法

为无家可归，她只得住进侄子孟忠厚家。然而，命运有诸多巧合，恰恰如此，孟氏反而逃过了一场大浩劫。

靖康二年，金兵攻陷汴京，自宋徽宗、宋钦宗二帝始，三千多后妃、皇子、公主及宗室近戚，都被金兵俘往北国。北宋就此灭亡。孟氏因住在宫外民居，竟然奇迹般地得以保全，幸免于难。由于孟氏特殊的身份，同年四月，她重新被宋臣尊为元祐皇后，垂帘听政。

孟氏听政之后，立即派人把宋徽宗唯一幸免于遇难的儿子康王赵构接回，请他即皇帝之位。赵构对伯母的眷顾之情感激涕零。其后，赵构在南京即位为宋高宗，史称南宋，尊孟氏为元祐太后。为了避其祖父孟元之讳，改称隆祐太后。

历经大宋三朝的皇后——曹氏

曹氏,河北省灵寿县岗头村人。宋仁宗赵祯的皇后。

公元 1033 年,刘太后死后,仁宗以郭氏无子为借口,废郭后为尼,幽居长宁宫。十八岁的曹氏奉诏入宫,第二年九月,册为皇后。曹皇后出身将门,熟读经史,善飞帛书,谦谨节俭。她亲自带领宫嫔们在苑内种植谷物,采桑养蚕。

宋仁宗像

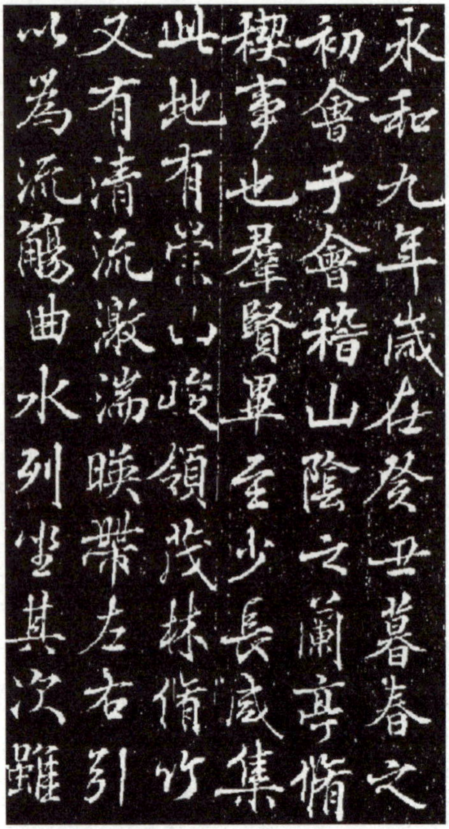

宋仁宗书法

临危不乱

公元 1048 年间正月，仁宗宿于曹皇后宫中。至半夜，一阵杂乱的响声将他们惊醒，仁宗要出去看看发生了什么事。曹皇后，劝不可轻动，免遭毒手。

曹皇后把内监宫人集中起来，分别把守宫门。并亲手为每人剪下一绺头发，叛乱平息之后，以发为记，论功行赏。曹皇后指挥杀退了叛逆者，临危不惧、应变有方、指挥若定，不愧为将门之后，仁宗大为佩服。

仁宗生三子，均已早夭。后因急于生子，以致纵欲过度身体衰弱。早些年，曹皇后将濮安懿王赵允让第十三子赵宗实接进宫中抚养。当时宗实四岁，但始终没有立为太子。公元 1062 年 8 月，三十一岁的宗实为皇太子，赐名曙。次年三月，仁宗驾崩。赵曙进宫即位，是为英宗，尊曹皇后为皇太后。

英宗即位不久生病，无法料理朝政。皇太后于内东门小殿垂帘听政。英宗病情好转后，曹太后即撤帘归政。

谥号显赫

公元 1067 年，英宗病逝，其长子赵顼即位，是为神宗。尊曹

130

太后为太皇太后。神宗重用王安石变法，革除许多弊政。曹太后认为"祖宗法度不宜轻改"予以反对，但神宗没有采纳。公元1079年，苏东坡以"乌台诗案"下狱，由于曹太后出面求情，苏东坡方才免于一死。同年冬，曹太后病逝，终年六十二岁。谥号为"慈圣光献皇后"，葬永昭陵。

宋仁宗永昭陵

元朝的开国皇后——孛儿帖

成吉思汗

弘吉剌·孛儿帖,大蒙古国皇后,姓博司忽儿翁吉剌,元太祖成吉思汗正妻,父亲德薛禅,母亲名叫速坛。成吉思汗有数十位妻妾,分居在四个斡儿朵,其中每个斡儿朵又有数个皇后与妃子,孛儿帖居于第一斡鲁朵,并且排行第一,地位最高,她也最得成吉思汗敬重。

贤明内助

根据《蒙古秘史》的记载,孛儿帖的年纪比成吉思汗长一岁。她为人贤明,帮助成吉思汗创立大业。她与成吉思汗刚结婚的时候,便被蔑儿乞人掳走,成吉思汗便请求克烈与札达兰两部落的援军进攻敌人,最后终于救回孛儿帖。原本成吉思汗与札达兰的部长札木合有结拜之谊,但孛儿帖深知札木合有要与成吉思汗兼并的意思，便劝成吉思汗与札木合分离。

　　成吉思汗与札木合分离后，果然独霸一方。蒙力克的第四个儿子阔阔出，借巫术之名挑拨成吉思汗与其弟合撒儿的感情，又羞辱斡赤斤，于是孛儿帖进言，请成吉思汗杀阔阔出，从此安定了族人。

　　孛儿帖生有四个儿子与五个女儿，儿子分别是术赤、察合台、窝阔台、拖雷，其中窝阔台后来登基，是元朝的太宗皇帝，另外三人被元世祖忽必烈追尊为皇帝，其中，拖雷是睿宗皇帝，术赤是穆宗皇帝，察合台是圣宗皇帝；女儿分别是豁真别乞、扯扯亦坚、阿剌合别乞、秃满伦、阿儿答鲁黑。当初孛儿帖被蔑儿乞族

内蒙古大草原

成吉思汗像

掳走，等救回时已有身孕，于是传说这时生下的术赤可能是蔑儿乞人的孩子，而"术赤"二字是"客人"的意思。但也有人说孛儿帖被蔑儿乞人掳走的时间不超过九个月，术赤有可能是成吉思汗的儿子。

终元朝之世，弘吉剌氏的女子作为正宫皇后者有十一人，被称为皇后与追尊为皇后者有九人。弘吉剌氏娶公主为妻者有六人，娶公主又被封王爵者十三人，这些福荫都是由孛儿帖开始的。

"孛儿帖"的蒙古语意是"苍白色"。《元史》里将其名后加上"旭真"二字，其实并非名字，而是"夫人"的意思，就像满语中的福晋一样。

典籍记载

虽然铁木真对孛儿帖被掠走心怀愧疚多年后才纳妾，就算当时的思想是男人可以三妻四妾，但任何一个女人不会希望丈夫纳妾，孛儿帖也不例外。

而面对丈夫的背叛孛儿帖忍辱负重，付出和守护着对铁木真自己的那份爱和责任，没有让妒忌之火伤到自己，贯彻贤良淑德风范，对后妃们不厚此薄彼，一视同仁。

成吉思汗大多时间都在征战，守护家里的责任就都落在孛儿帖和其监国三公主阿剌海别吉身上。忍受寂寞的孛儿帖几乎丝毫没有怨言，女主内的做法几乎做到尽善尽美。

不过也许正是那些付出让孛儿帖从强悍的铁木真那里得到了其他后妃无法比拟的尊重和爱护，以往都是母凭子贵，而对于孛儿帖却是子凭母贵更为贴切。因为几乎只有孛儿帖的四个儿子分享到了成吉思汗打下的江山，创立了史无前例的蒙古四大汗国，其中包括被人怀疑身份的术赤也坐享钦察汗国。而历史上其他后妃的子女几乎无迹可寻。成吉思汗对术赤的爱护不用言表从他对术赤的态度就能看出。没有宽广伟大的父爱就成就不出钦察汗国战功赫赫的术赤汗。

虽有失却有得，作为王的女人，孛儿帖算是最幸福的原配正宫皇后之

成吉思汗塑像

135

一了。

孛儿帖上对婆婆孝顺,下对年幼弟妹照顾有加。甚至篾儿乞人来袭时,孛儿帖让他们骑马先逃,自己坐牛车逃。比起其他后妃,孛儿帖是在成吉思汗最落寞时嫁给成吉思汗,跟随成吉思汗,不离不弃。

后来孛儿帖被强者夺去,铁木真也争气没有让孛儿帖失望,尽了该尽的义务,就算遇到人数比自己强几倍的对手,依然毫不畏惧,囤积兵力营救妻子孛儿帖,而孛儿帖毫不犹豫选择营救自己的丈夫,并没避凉附炎。

内蒙古大草原

后世皇后效仿的楷模——马皇后

明德皇后马氏,汉明帝刘庄唯一的皇后,伏波将军马援的三女儿。闺名不详,她的谥号为明德皇后,单从谥号上来看,就知道她是一位令人敬佩的皇后。

品行高尚

马援随刘秀征战,立下大功,被封为新息侯。马援为人正直清廉,不懂讨好皇亲国戚,得罪了光武帝刘秀的女婿梁松和窦固等。那些权贵子弟心怀愤恨,趁马援病亡,一状告到刘秀面前,诬告马援掳掠民间珍宝。刘秀勃然大怒,追缴马援的新息侯印绶,也不许他入葬从前的高档墓地。马夫人为亡夫申辩,刘秀允许把他葬回祖坟。可是马家家族地位却大不如从前。

马援生前得罪的权贵太多,如今见他死去,都来欺负孤儿寡母。马家的两个儿子马客卿、马惠敏也都先后早夭。马夫人又悲伤过度,于是家事便让马氏来主持。她当时才十岁,可却已经精明能干,处理事务井井有条。

马家失势，原本与马家定亲的人也都是以势利眼，马氏的堂兄马严不忿，取消马家三姐妹的婚约。三姐妹的年龄都在当时的选妃标准里，当时太子刘庄与诸王皇子都没有正妃，马严便希望能让堂妹们成为诸王姬妾，对于当时人来说，这是非常好的一条出路。

马氏十三岁时，其堂兄马严上表请命，于是她进入太子宫。进宫后，她很好地侍奉阴皇后，和其他妃嫔友好相处，礼数周全，上下和睦，于是特别受到宠幸，太子经常与她住在一起。

马氏品行高尚，孝顺温和，立刻获得了太子刘庄的专宠。但马氏始终没有生育，她只好另找年轻侍女给太子侍寝。但她没有嫉妒，反而对那些女子嘘寒问暖，照顾备至。

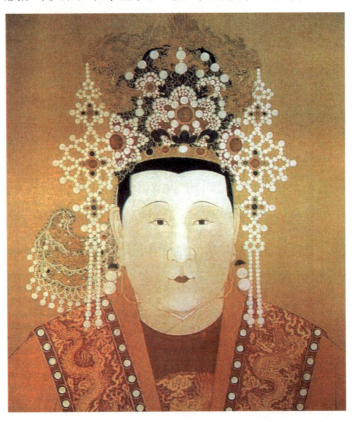

马皇后像

光武帝刘秀崩逝，太子刘庄即位，为汉明帝，19岁的马氏被封为贵人，在后宫地位仅次于皇后。贾贵人生下皇子刘炟，马贵人无子，明帝就把刘炟交给马贵人抚养。马贵人尽心抚育，对养子宽爱慈和，刘炟虽非她亲生，但犹如亲子。马贵人虽然得宠，但她毕竟没有生儿育女，立后之路困难重重，而且当时后宫还有一位阴贵人，是明帝的表妹，太后的侄女。

永平三年，皇太后阴丽华下旨，说马贵人德冠后宫，宜立为后，于是马贵人成为正宫皇后，养子刘炟也成为皇太子。马皇后性格节俭，有美德，明帝十分敬重。马皇后虽然无子，但与明帝始终夫妻恩爱，皇后之位坐得稳稳当当的。

明帝显节陵

谥号明德

永平十八年，明帝驾崩，太子刘炟即位，是为汉章帝，养母马皇后被尊为皇太后，而生母贾贵人毫未尊封。不但如此，章帝仅仅只对马氏家族封以侯爵，对贾氏家族毫无封赏。

建初四年六月癸丑，41岁的马太后病逝于长乐宫，谥曰明德皇后。同年七月壬戌，她与明帝合葬于显节陵。

有勇有谋的一代贤后——徐氏

仁孝文皇后徐氏，明成祖朱棣嫡后，明开国功臣徐达嫡长女，母谢氏，洪武九年正月二十七日被册封为燕王妃，建文四年十一月十三日被册立为皇后，永乐五年七月崩于南京。

相助丈夫

徐皇后生于元朝至正二十二年，比成祖小 2 岁，明洪武九年正月二十七日，15 岁的徐氏嫁给 17 岁的燕王朱棣为燕王妃。徐氏仁孝温和，马皇后不止一次当众称赞这位儿媳妇。

洪武十三年三月，燕王妃随成祖就藩北平。后来，建文帝削藩，建文元年七月五日，燕王朱棣宣布起兵靖难，在朱棣前往大宁"借"兵之际，面对李景隆五十万大军兵临城下，燕王妃本人亲自登城督战，与世子朱高炽成功保卫了北平城。

建文四年六月十三日，历时整整三年的靖难之役终于结束，明王朝的京城南京被燕王军攻陷，燕王妃再次踏进皇宫的时候，已经是这里的女主人了。

作为妻子,她在朱棣竭力为自己"正名"的时候,徐皇后也倾尽全力相助丈夫。永乐元年正月,一部《梦感佛说第一希有大功德经》颁行天下。她还编写了《内训》二十篇,《劝善书》一部,都颁行天下。这些文字旨在推行针对女性的教育,并倡导修德劝善,为自己更为丈夫赢取民心。

除此之外,徐皇后还曾经向朱棣要求召见大臣们的妻子,并对她们说:"女人侍奉丈夫,并不仅仅是关心他们的衣食起居而已,应该对他们的前途事业也有所助益。朋友的劝告,不易被男人采纳,同样的话妻子来说,就容易入耳得多了。我与皇上朝夕

朱棣像

徐皇后像

相处，从不以私欲开口，所说的一切都以生民为念。希望你们也能以此自勉。"

可惜，徐皇后年寿不永，她只做了四年皇后，就在永乐五年的七月离开了人世。临终前，她最后一次劝谏朱棣，让他爱惜百姓，广求贤才，恩礼宗室，不要娇惯自己的娘家。她还叮嘱太子朱高炽说："我一直惦记着当年在'靖难之役'初起时，为守住北平城而应命作战的将士妻子，感念她们的功劳和付出的伤亡。想要趁着皇帝日后北巡的机会，亲自向她们及她们的家人赠予嘉奖抚恤。只可惜我再也无法完成这个夙愿，这是我此生唯一的恨事。"

荣誉恩典

徐皇后去世时年仅四十六岁，朱棣对结发妻子的去世非常悲恸，他为徐皇后上谥号曰仁孝，并从此不再立后。永乐七年，朱棣北巡，回到了盛满往事的北平，并着手迁都事宜。同年，他在昌平天寿山营建自己的陵寝。四年后永乐十一年正月长陵玄宫落成，仁孝皇后梓宫从南京出发往北京，二月他将徐皇后安葬在了长陵。十五年后，即永乐二十二年七月十八日，壮心未已的朱棣病逝于征漠北的途中，享年六十五岁。同年十二月，朱棣与徐皇后合葬长陵。

永乐二十二年九月仁宗上尊仁孝皇后谥号曰"仁孝慈懿诚明庄献配天齐圣文皇后"。

徐皇后的陵寝是长陵，为明成祖朱棣与徐皇后的合葬墓。在此之前朱棣早有迁都之意，于是着礼部尚书赵羾和江西术士廖钧卿等前往北京一带卜选陵址，至永乐七年选中昌平天寿山，得到朱棣的认可，即降旨圈地 80 里，作为陵区禁地。当年开始修建。直至永乐十一年二月，长陵地下玄宫落成，朱棣将皇后的梓宫从南京迁至北京葬于长陵。

自永乐五年皇后去世时至永乐十一年下葬长陵，这期间徐氏的棺椁一直被置于南京皇宫内未葬，徐皇后也是入葬明十三陵的第一人。在明朝，皇后先于皇帝入葬陵寝为数不多，对皇后来说这无疑是一种荣誉和恩典。

朱棣塑像

历经清代三朝的女子——孝庄

年轻时的孝庄文皇后

孝庄文皇后，博尔济吉特氏，名布木布泰，蒙古科尔沁部贝勒寨桑之次女。出生于明万历四十一年二月初八日；天命十年嫁皇太极；崇德元年皇太极在盛京称帝后，受封为庄妃；崇德三年生皇九子福临；崇德八年，顺治帝即位后，与其姑孝端文皇后两宫并尊，称圣母皇太后；顺治八年上徽号曰昭圣皇太后；康熙帝即位后尊为太皇太后；康熙二十六年十二月二十五日崩逝，享年七十五岁；葬昭西陵，上谥，雍正、乾隆累加谥，最终谥号为：孝庄仁宣诚宪恭懿至德纯徽翊天启圣文皇后她是中国历史上有名的贤后，一生培养、辅佐顺治、康熙两代君主,是清初杰出的女政治家。

凭才凭貌

　　孝庄文皇后布木布泰，于明万历四十一年二月初八日出生。天命十年二月,嫁皇太极,为其侧福晋。其姑哲哲为大福晋。皇太极继汗位,其姑哲哲被封为大妃,称中宫大福晋;布木布泰被封为西侧妃，称西宫福晋。但当时没有东西宫福晋，所以布木布泰在后宫位居第二位，仅次于其姑哲哲。天聪三年正月初八日生皇四女雅图。后金天聪六年二月，巴雅尔戴青之女扎鲁特博尔济吉特氏嫁皇太极为东侧妃，称东宫福晋。布木布泰在后宫地

皇太极塑像

位降至第三位。天聪六年二月十二日生皇五女阿图。天聪七年十一月十六日生皇七女。后金天聪八年八月，察哈尔林丹汗的遗孀窦土门福晋阿巴亥博尔济吉特·巴特玛·璪嫁皇太极为侧妃。后金天聪九年十月初七日，侧妃扎鲁特博尔济吉特氏以不遂汗意，被改嫁给大臣叶赫部德勒格尔台吉之子南褚。后金天聪八年十月，布木布泰的姐姐海兰珠嫁皇太极，宠冠后宫。因布木布泰之姐海兰珠、林丹汗遗孀陆续嫁与皇太极，使布木布泰在后宫的地位下降。

17世纪初，明王朝衰落，东北女真族崛起。建州女真首领努尔哈赤统一女真各部，于明万历四十四年建立后金国。努尔哈赤死后，第八子皇太极继承汗位，北伐蒙古、南征朝鲜，并于明崇祯九年称帝，国号清，建元崇德，定都盛京，与明朝遥相对峙。

崇德七年三月，清军俘获明朝蓟辽总督洪承畴，皇太极大喜。洪承畴是明朝很有影响的封疆大员，收服他对于收揽汉族知识分子之心、瓦解明朝统治具有非常的意义。皇太极下令把洪承畴押到盛京，派汉臣范文程等轮番劝说，洪承畴"延颈承刀。始终不屈"，为此皇太极颇费踌躇，食不甘味。孝庄看到这种状况，毛遂自荐，亲自去劝说。她扮作一个侍女，身上藏了一壶人参汁，来到洪承畴的居处，温颜婉语，"以壶承其唇"，一口一口给他灌下人参汁，动之以情、喻之以理，经过数天的努力，终于说服洪承畴投到清军辕下。

由于孝庄经常留意、参与清廷的政治活动，她的政治素质和才能得到了磨练，很快脱颖而出。当重大政治事变突然发生的时候，这种才能就明显地显示出来了。

崇德八年夏，清军大战松锦告捷后，国势大张，气象日上。皇

太极踌躇满志,正策划下一步战略,天不假年,八月九日在突发脑溢血,暴死于清宁宫。帝王暴卒,向来容易引起政治动乱。由于皇太极对皇位的继承问题没有留下遗嘱,在烦琐的丧仪背后,一场激烈的权力角逐正悄悄展开。

努尔哈赤生前曾规定,他的继承人必须由满洲贵族公议,从八大议政贝勒中推选,八大贝勒"同心谋国",其中以军功昭著的儿子代善、莽古尔泰、皇太极及侄子阿敏轮月执政,朝贺时兄弟四人并排南面坐——这是一种原始军事民主制的残余。皇太极继承汗位后,打破了这个框框,皇帝南面独坐,独操大权。唯其如此,皇帝的称号对于跻身于最高权力圈、很有可能得到它的人们来说,更加具有诱惑力。

暗中动作的双方很快明朗化:皇太极的长子肃亲王豪格,三十四岁,跟随父亲南征北战,拥有父亲亲将的两黄旗和伯父代善镶红旗、堂叔济尔哈朗镶蓝旗的拥护和支持;努尔哈赤的十四子睿亲王多尔衮,三十二岁,雄才大略,曾西征河套察哈尔林丹汗残部,得元朝传国玺归

孝庄皇后像

147

皇太极像

献皇太极，迫降朝鲜，用兵把握分寸，颇合用武之道，很得皇太极倚重和信赖，继位的呼声很高，拥护者有英亲王阿济格、豫郡王多铎和正、镶两白旗将领。正、镶两黄旗将领盟誓，宁可死作一处，坚决要立皇子；而正、镶两白旗大臣誓死不立豪格，他们跪劝多尔衮立即即位："汝不即立，莫非畏两黄旗大臣乎？""两黄旗大臣愿立皇子即位者，不过数人尔！我等亲戚咸愿王即大位也！"

游说、盟舍、劝进，频繁的活动，导致了双方严重的对立。八月十四日，皇太极死后第五天，崇政殿诸王大会，彼此终于摊牌了！

这天大清早，两黄旗大臣盟誓大清门前，命令天子禁军张弓戴甲，环立宫殿。会议开始之前，黄旗大臣悉尼就提出："先帝有皇子在，必立其一。"会议一开始，年高辈尊的代善首先发言；"虎口（豪格）帝之长子，当承大统。"豪格见气氛如此，料大位必囊中物，欲擒故纵，起身逊谢说："福小德薄，非所堪当。"说完离开会场。豪格一谦让，阿济格、多铎乘机劝多尔衮即位，年老的代善不愿得罪锐气方刚的多尔衮，态度骑墙地说："睿王若允，我国之福，否则当立皇子。"两黄旗大臣沉不住气了，佩剑而前，说："吾等属食于帝，衣于帝，养育之恩与天同大，若不立帝之子，则宁死从帝于地下而已！"有人提出立代善，老头子不愿陷入漩涡，一说："吾以帝兄，当时朝政，尚不预知，何可参于此议乎！"说完退场，阿济格也跟随而去。两黄旗大臣怒目相向，多铎默无一言，会议眼看陷于僵局。多尔衮发言："虎口王即让而去，无继统之意，当立帝之第三子。而年岁幼稚。八高山军兵，否与右真王济尔哈朗分掌其半，左右辅政，年长之后，当即归政。"

这是个折中方案，皇子嗣位，两黄旗天子亲兵的地位保持不变。因此两黄旗大臣不再坚持立豪格，转附多尔衮，剑拔弩张的气氛顿时缓和。祭祖祷天、集体盟誓，六岁的小娃娃福临被扶上了皇帝宝座，改元顺治。

多尔衮对皇位早已垂涎，为什么关键时刻主动放弃？缺乏与豪格抗衡的力量？未必。或许是多尔衮从大局出发，为避免内乱而作退让。但促成这一举动的，还有一个不可忽略的因素——孝庄的幕后活动。

作为爱新觉罗家族的一员，孝庄无疑是明白内乱会造成什么危害的，一要使双方的对立缓和，只有异中求同，使双方的要求都得到部分满足——既要满足两黄旗大臣立皇子的要求，又要使多尔衮的权力欲望不致落空，解决这个问题的唯一办法是扶立幼主。当时年纪幼小的皇子有四五个，谁来占据天子宝座？孝庄施展手腕，笼络多尔衮，使多尔衮采纳了她的方案，把她儿子福临抱上了御座。

多尔衮对于皇位，实际上是非常向往的。由于他在诸王大会上首倡立福临，格局一成，便难以出尔反尔，推翻前议了。虽然他高踞摄政王之位，掌握大清军政大权，一人之下，万人之上，但毕竟没有畅其所愿，还是一种缺憾。到后来，多尔衮的举动是十分胆大和僭越的：偷用御用器皿、私造皇帝龙袍、对镜自赏等。当年妨碍他获得皇位的豪格，在顺治元年就被罗织罪名，废为庶人，囚禁至死，豪格的福晋被他收系王府，纳为新人。与他同居辅政王之位的济尔哈朗，尽管一开始就很知趣地退避三舍，拱手将权力支出，但终因依附过豪格的前怨夙恨，于顺治四年被罢职，第二年又降为郡王。

多尔衮命史官按帝王之制为他撰写起居注，并营建规模超逾帝王的府第。大军调度、罚赏黜涉，一出己意，关内关外，只知有睿王一人。实际上，多尔衮掌握了一切权力。

孝庄在多尔衮的步步紧逼下，采取了隐忍、退让、委曲求全的态度。她的方法是，不断给多尔衮戴高帽、加封号，不使多尔衮废帝自立。顺治元年十月，加封为叔父摄政王，旋又加封皇叔父摄政王。顺治四年，停止多尔衮御前跪拜。据传，大约在顺治四年年底，孝庄以太后的身份下嫁摄政王，福临称多尔衮为皇父，诸臣上疏称皇父摄政王。遇元旦或庆贺大礼，多尔衮与皇帝一起，接受文武百官跪拜。

"太后下嫁摄政王"的问题，是清史研究中一大疑案，至今史学界尚有争议。在民间，这个说法流传甚广，但见诸文字者，是清末刊行的明朝遗臣张煌言《苍水诗集》，其中《建夷宫词》有一首影射太后下嫁，诗文是这样写的：上寿觞为合卺尊，慈宁宫里烂盈门；春官昨进新仪注，大礼躬逢太后婚。

慈宁宫是皇太后的居处,春官指礼部官员。这首诗的意思是说,慈宁宫里张灯结彩喜气洋洋。昨天礼部呈进了预先拟定的礼仪格式,因为正遇上太后结婚典礼。《苍水诗集》一出,"太后下嫁"一事仿佛得到了证实。张煌言作诗时间大概是顺治六、七年间,当时清宫的太后有两位,一位是正宫孝端文皇后,当时年近五十,不可能嫁给三十多岁的多尔衮,另一位就是福临的母亲孝庄文皇后,她小多尔衮两岁,因此诗中所指的太后下嫁,只能是孝庄。

　　著名清史学家孟森却不同意这一说法,认为张煌言对清廷怀有成见,其诗不能作为史实根据,帝后分葬在清代不乏其例。如真有其事,当时私人著述里应该有所反映,清末民初有大量的前清私家著述印行问世,除了张煌言的诗之外,没有什么可以印证"太后"下嫁摄政王的史料,因而下嫁云

多尔衮像

云,是"敌国"之传闻而已。

多尔衮死时,追谥为"诚敬义皇帝",用皇帝丧仪,神位附太庙,这种待遇,除了皇帝本人,只有以旁支入继大统的皇帝的生父才配享用,如果作为皇叔或者辅政大臣,多尔衮是难以企及的。所以我们可以说,孝庄下嫁多尔衮是很有可能的。相信随着新史料的发现,这个历史疑案迟早会真相大白。

女政治家

顺治七年十二月,多尔衮出猎,死于喀喇城,被追尊为"诚敬义皇帝",用皇帝丧仪。福临亲政,不久,即宣布多尔衮"谋篡大位"等种种罪状,削爵、毁墓并撤去太庙牌位,籍没家产,多尔衮的党羽也受到清洗。

在"倒多"过程中,济尔哈朗取而代之,成为一个新的权力集中点。孝庄敏锐地发现了这一苗头,防微杜渐,让福临发布上谕,宣布一切章奏悉进皇帝亲览,不必启和硕郑亲王济尔哈朗,消除了可能产生的隐患。年少的皇帝在太后的安排下理政、读书,如饥似渴地吸收汉文化,在大胆使用汉官、整顿吏治等方面,开创了清初政治新局面。

权力斗争刚告一段落,孝庄又陷入家庭矛盾的旋流。如前所述,满蒙联姻,是清太祖努尔哈赤在位时定下的既定国策。大清帝国的建立,蒙古八旗也立下汗马之功,蒙古王公在清廷政治生活中,一直是一股股肱的力量。为了确保这种关系代代相传,也为了保持自己家族的特殊地位,福临即位不久,孝庄就册立自己的侄女、蒙古科尔沁贝勒吴克善的女儿博尔济吉特氏为皇后,顺治皇帝亲政当年,就大礼成婚,正中宫之位。

自古帝王婚姻，总是带有明显的政治色彩，人的喜好与感情则是次要的。而福临恰恰缺乏这种胸怀，他更多地以自己的好恶来对待这种关系。皇后博尔济吉特氏聪明、漂亮，但喜欢奢侈，而且爱嫉妒。本来，作为一个贵族出身的女子，这些并不是什么大毛病，但福临却不能容忍，坚决要求废后另立。

这个未成年的皇帝性格十分执拗，尽管大臣们屡次谏阻，仍然坚持己见，毫不退让。顺治十年八月，孝庄见儿子实在没有回转余地，只好同意，皇后降为静妃，改居侧宫。为了消除这一举动可能带来的消极政治影响，孝庄又选择蒙古科尔沁多罗贝勒之女博尔济锦氏进宫为妃。但福临对这位蒙古包里出来的漂亮姑娘同样不感兴趣。

董鄂氏被接入宫中封皇贵妃，在后宫的地位仅次于皇后，不过福临对董鄂氏的感情，已到了无以复加的地步。他认为董鄂氏有德有才，正是理想的皇后人选，因此准备二次废后。假如福临再度废后，

顺治像

改立董鄂氏，蒙古女人失去中宫主子之位，势必影响满蒙关系，倾动大清帝国的立国之基，孝庄毫不犹豫地对儿子的举动进行了抑制。

结果，母子间出现隔阂，顺治皇帝甚至公然下令抠去太庙匾额上的蒙古文字。而那位生活在感情荒漠中的蒙古皇后，对于安排自己命运的同族婆婆并无丝毫感激，相反把不幸和怨恨，统统归集到太后身上，连太后病倒，也不去问候一声。对于这一切，孝庄都忍受了。宽容理解是她的原则。这种微妙紧张的母子、婆媳关系维持了五六年，幸而她有多年的政治经验和坚毅的性格，清帝国的基业才没有因后宫的倾动而发生动摇。

孝庄这种苦心，福临与皇后恐怕都不理解，倒是通达人情的董鄂氏能够体谅孝庄的苦衷，她主动周旋于皇后与皇帝之间，缓和、调节双方矛盾，有时起到孝庄所难以达到的作用。唯其如此，孝庄有什么事总是找董鄂氏商量，有什么话总是找这个儿媳妇说，以至于到后来，婆婆对儿媳几乎到了不能离开的地步。

顺治十四年十月，董鄂氏产下一子，四个月后不幸夭折，丧子的悲伤使她积郁成疾，宫廷矛盾的精神重负使她原来有病的身体更加虚损、羸弱。顺治十七年八月，董鄂氏病故。皇帝遭此打击，精神颓落，恹恹无生趣，未出半年，患天花而逝。

福临死前留下遗嘱，八岁的皇三子玄烨入继皇统，改元康熙。为了避免摄政王专权的悲剧重演，皇帝有意撇开皇室亲王，安排了四位忠于皇室的满洲老臣索尼、遏必隆、苏克萨哈和鳌拜辅政。当时安徽有位叫周南的秀才千里迢迢赶到北京，请求皇太后垂帘听政，孝庄太皇太后严词拒绝了。因为清建国之初曾总结历史上外戚干政导致亡国的教训，规定后妃不得临朝干政，孝庄

历史的天空

中国历代贤后

鳌拜像

太皇太后当时虽有足够的声望与资历临朝，但此例一开，将来或许贻息后代。因此，她坚持了大臣辅政的体制，把朝政托付给四大臣，自己则倾力调教小孙子，培养他治国安邦的才能，以便他亲政后能担当起统御庞大帝国的重任。

没有想到顺治所择非人，口是心非的鳌拜很快暴露出专横暴戾的本性，欺皇帝年幼无知，广植党羽、排斥异己、把揽朝政，俨然是摄政王再出。鳌拜出身戎伍，对于顺治朝吸收汉文化变更礼制的做法很不适应，一朝权在手，便把令来行，凡事都要循祖制、复旧章，并且公然打破顺治四年不再圈地的禁令，借旗地交换之机，扩大圈地，使大批农民流离失所。

鳌拜这种倒行逆施的行为，引起朝野上下的不满，但大部分人慑于鳌拜淫威，不敢作声。辅政大臣中，索尼年老畏缩、遏必隆软弱依附鳌拜，唯一敢于与鳌拜顶着干的苏克萨哈资历浅，一直处于受压地位。

康熙六年，玄烨十四岁，按例亲政。但鳌拜不但没有收敛，反而变本加厉。苏克萨哈因为受鳌拜压制，乘皇帝亲政之机，上奏辞职，请求去守先帝陵寝，"俾如线余息，得以生全"。实际上是向皇帝抗议鳌拜的专横。鳌拜也清楚苏克萨哈的用意，他和同党一起，捏造苏哈萨克二十四条大罪，将苏拘捕入狱，要处以极刑。

苏克萨哈从监狱里送出申诉，皇帝获悉，坚决不同意，鳌拜竟"攘臂帝前，强奏累日"。最后，将苏克萨哈处以绞刑，九族株连，家产没官。鳌拜的存在已成为皇帝权威的一个威胁，但鳌拜羽翼已成，处置稍有不当，可能就会激成巨变。如何解决这个问题呢？此时的孝庄对这些问题已有了相当经验。她悄悄关照性急的孙子，要他隐忍一切，同时不露痕迹地布置起来。

也不知从哪一天开始，皇宫里出现了一批少年，专门练摔跤，说是皇帝喜欢这种布库戏。对于一个十四五岁的少年来说，这是完全可以理解的，所以谁也没有多想什么。就在大家对宫廷布库戏习以为常的时候，康熙八年五月的一天，鳌拜进宫晋见，在路两旁耍着玩的小孩突然一拥而上，七手八脚把他擒住了，等到鳌拜缓过神来，纵有过人之力，都已无济于事了。魔头落网，党羽流散，威胁皇权的鳌拜集团，就这样未动一刀一枪，连根拔除了。皇帝夺回了权力。

顺治皇帝临终时，原属意于次子福全，孝庄太后看中了玄烨，通过皇帝信赖的传教士汤若望说服，才改立玄烨，所以说玄烨是孝庄太后一手扶立的。玄烨八岁即位，十岁时生母佟佳氏亡故，照看他的是祖母孝庄太皇太后，所以祖孙二人感情十分融洽。孝庄太后不但关心他的起居，而且对他的言语举动，都立下规矩，严格要求，稍有逾越，则严厉批评，不稍宽纵。

在她的教导下。玄烨健康成长，一个未来杰出帝王的特质，在少年时代打下了根基。鳌拜集团铲除后，孝庄太后放手让玄

玄烨像

烨理政，让他在实践中得到锻炼，又一再提醒他要谨慎用人、安勿忘危、勤修武备等。对于祖母的教诲玄烨非常尊重，重大事情无一不先征求意见，然后施行。在他们的携手努力下，清王朝从动乱走向稳定，经济从萧条走向繁荣，为平定三藩、统一台湾和边疆用兵等大规模战争奠定了物质基础。清王朝在康熙朝形成第一个黄金时代，其中包含了孝庄太后的一份功劳和心血。

孝庄太后生活俭朴，不事奢华，平定三藩时，把宫廷节省下的银两捐出犒赏出征士兵。每逢荒年歉岁，她总是把宫中积蓄拿出来赈济，全力配合、支持孙子的事业。她的表率行为，更使皇帝增加十二分敬意。

康熙二十一年春，皇帝出巡盛京，沿途几乎每天派人驰书问候起居，报告自己行踪，并且把自己在河里捕抓的鲢鱼、鲫鱼脂封，派人送京给老祖母尝鲜；二十二年秋，康熙陪祖母巡幸五台山，一到上坡地方，皇帝每每下轿，亲自为祖母扶辇保护。孝庄太后与皇帝这种亲密和谐的关系，反映了她的为人，与二百年后同样经历三朝、对中国政治产生重大影响的慈禧太后，是截然不同的。

康熙二十六年十二月，孝庄太后病危，康熙皇帝昼夜不离左右，亲奉汤药，并亲自率领王公大臣步行到天坛，祈告上苍，请求折损自己生命，增延祖母寿数。

康熙在诵读祝文时涕泪交流。然而自然规律是无法抗拒的，该月二十五日，孝庄走完了她的人生旅程，以七十五岁的高寿安然离开了人世。康熙皇帝给祖母上了尊崇的谥号——孝庄仁宣诚宪恭懿翊天启圣文皇后，简称孝庄文皇后。根据她的遗愿，灵枢没有运往盛京与皇太极合葬，而是暂安在京东清东陵。

康熙二十七年四月，孝庄文皇后的梓宫由京城朝阳门外殡宫移至东陵"暂安奉殿"。说是"暂安"，一安就是几十年，到康熙之朝终结了，都没能解决孝庄后的安葬事宜，没有建陵。可见，如何安排她的陵址，是颇费脑筋的事。直到雍正二年，雍正才为她就地建陵，在碑文上解释原因说："念太宗山陵已久，卑不动尊；惟世祖之兆域非遥，母宜从子。"

昭西陵

图书在版编目（CIP）数据

中国历代贤后 / 王晶编著. -- 长春：吉林出版集团股份有限公司，2014.10
（历史的天空 / 张帆主编）
ISBN 978-7-5534-5678-2

Ⅰ. ①中… Ⅱ. ①王… Ⅲ. ①皇后－生平事迹－中国－少儿读物 Ⅳ. ①K827=2

中国版本图书馆 CIP 数据核字(2014)第 221320 号

历史的天空（彩图版）
中国历代贤后
ZHONGGUO LIDAI XIANHOU

著　　者　王　晶
出 版 人　吴　强
责任编辑　陈佩雄
开　　本　710 mm × 1000 mm　1/16
印　　张　10
字　　数　150千字
版　　次　2014年10月第1版
印　　次　2021年11月第3次印刷

出　　版　吉林出版集团股份有限公司
发　　行　吉林音像出版社有限责任公司
　　　　　吉林北方卡通动漫有限责任公司
　　　　　（吉林省长春市南关区福祉大路5788号）
电　　话　0431－81629667
印　　刷　鸿鹄（唐山）印务有限公司

ISBN 978-7-5534-5678-2　　定　　价　45.00元

如发现印装质量问题，影响阅读，请与出版社联系调换。